Essen

Einfach überragend: Der Förderturm inmitten der Bauhaus-Architektur gibt der weitläufigen Industrielandschaft Zollverein den nötigen Wiedererkennungswert.

Simply outstanding: The head-frame amidst Bauhaus-style architecture lends the required familiarity value to the extensive Zollverein industrial landscape.

Tout simplement dominante: cette tour d'extraction, au milieu de l'architecture du Bauhaus, permet de reconnaître de loin le vaste paysage industriel de la mine Zollverein.

Reinhard Felden / Wolfgang Kintscher / Matthias Maruhn

Essen

Ellert & Richter Verlag

Reinhard Felden

Geb. 1955, lebt in Bochum. Nach der Ausbildung zum Bürokaufmann studierte er an der Fachhochschule Dortmund Bildjournalismus.

Born in 1955, lives in Bochum. After training as a clerical worker he studied photojournalism at the Dortmund Fachhochschule.

Né en 1955, vit à Bochum. Après une formation de secrétaire commercial, il fait des études de photojournalisme à l'école supérieure de Dortmund.

Wolfgang Kintscher

Jahrgang 1963, lebt in Essen. Seit 1980 Journalist, seit 1986 bei der Neuen Ruhr/Rhein Zeitung, erst in Oberhausen, seit 1989 in Essen, wo er sich vor allem der Kommunalpolitik und kommunalen Wirtschaft widmet.

Born in 1963, lives in Essen. He became a journalist in 1980. He has worked at the Neue Ruhr/Rhein Zeitung since 1986, initially in Oberhausen. In 1989 he moved to Essen, where he devotes himself mainly to local government politics and the municipal economy.

Né en 1963, vit à Essen. Journaliste depuis 1980, il travaille depuis 1986 pour le journal «Neue Ruhr/Rhein Zeitung», tout d'abord à Oberhausen, depuis 1989 à Essen où il se consacre avant tout à la politique communale et à l'économie communale.

Matthias Maruhn

Geb. 1957 in Essen. Seit 1975 arbeitet er als Journalist, seit 1985 fest bei der Neuen Ruhr/Rhein Zeitung in der Reportagen-Redaktion.

Born in 1957 in Essen. He has been a journalist since 1975. In 1985, he joined the staff of the Neue Ruhr/Rhein Zeitung, where he works on the features desk.

Né en 1957 à Essen. Il travaille en tant que journaliste depuis 1975, depuis 1985 sous CDI dans le service des reportages du journal «Neue Ruhr/Rhein Zeitung».

Bildnachweis/Picture credits/ Crédit photographique

Alle Fotos von Reinhard Felden, Bochum, außer: Archiv für Kunst und Geschichte, Berlin: S. 51 u.; Bildarchiv Preußischer Kulturbesitz, Berlin: S. 51 o.; Süddeutsche Zeitung Photo, München (Scherl): S. 53 o., 53 u.

Titelbild/Front cover/Couverture: Essens Skyline, Baldeneysee, Zeche Zollverein, Villa Hügel

Rückseite/Back cover/Quatrième de couverture: Margarethenhöhe, Museum Folkwang, Zeche Bonifacius (von links nach rechts/from left to right/de gauche à droite)

Impressum

Bibliografische Information der Deutschen Bibliothek

Die Deutsche Bibliothek verzeichnet diese Publikation in der Deutschen Nationalbibliografie; detaillierte bibliografische Daten sind im Internet über http://dnb.ddb.de abrufbar.

ISBN 978-3-8319-0408-2

Text und Bildlegenden/Text and captions/ Texte et légendes: Wolfgang Kintscher und Matthias Maruhn, Essen
Fotos/Photos/Photographie: Reinhard Felden, Bochum
Übertragung ins Englische/ English translation/Traduction anglaise: Paul Bewicke, Hamburg
Übertragung ins Französische/ French translation/Traduction française: Patricia Hiéramente, Hamburg; Michèle Schönfeldt, Hamburg
Gestaltung/Design/Maquette: Büro Brückner + Partner, Bremen
Lithografie/Lithography/Photogravure: Griebel-Repro, Hamburg
Gesamtherstellung/Printing and binding/ Réalisation d'ensemble: Offizin Andersen Nexö Leipzig GmbH
www.ellert-richter.de

Inhalt

Contents

Sommaire

Weit war der Weg für die einst größte Bergbaustadt Europas zur Dienstleistungs-metropole. Heute beherrschen nicht mehr Fördertürme und Schlote die Stadt-Silhouette, sondern die Bürobauten jener großen Konzerne, die ihren Sitz in Essen haben.

Transforming itself into a service metropolis was a long haul for what was once Europe's biggest mining city. Now, the city skyline is no longer dominated by colliery head-frames and chimney stacks, but by the office buildings of large corporations with their headquarters in Essen.

Long fut le chemin qui fit de la plus grande ville minière d'Europe une métropole des prestations de service. Ce ne sont plus aujourd'hui les tours d'extraction et les cheminées qui dominent la silhouette de la ville mais les bâtiments administratifs de grands groupes industriels qui ont leur siège à Essen.

Stadt der Frauen

Essen ist die Stadt der Frauen. Eigentlich. Historisch gesehen. Das mag verwundern in einer Region, die so stark von Kohle und Stahl geprägt wurde, die ein so ganz anderes Image hat. Da denkt man an Männer, die den Presslufthammer zur Kohle führen, schweißbestirnt Stahl kochen, oder an feinzwirnige Herren, Wirtschaftskapitäne, die alle Klippen umschiffen oder auch nicht. Die gab's auch, reichlich, aber zunächst hatten tausend Jahre lang die Frauen das Sagen in der Stadt. Es ist allerdings Altfrid, der Bischof von Hildesheim, der als Vater der Stadt gilt. Seine Familie besaß auch das Gut Astnidhi, aus dem sich über Assindia und Essende schließlich der heutige Name entwickelte, der nicht etwa von den Essen, den Fabrikkaminen, abgeleitet wurde. Um das Jahr 852 herum entstand auf diesem Gut ein Stift für Frauen aus dem sächsischen Hochadel. Erste Äbtissin wurde Gerswida, eine Verwandte des Bischofs, deren Bedeutung erst in der jüngeren, von Geschlechtsgenossinnen mitgeschriebenen Geschichtsforschung richtig gewürdigt wurde. Zu Schutzpatronen wurden die Ärzte Cosmas und Damian, die im dritten Jahrhundert in Kleinasien mannigfaltige Wunder vollbrachten. Die beiden Doktoren schauen als Statuen noch heute streng und etwas ratlos vom neuen Rathaus auf das Einkaufstreiben in der Innenstadt. Das Schwert, mit dem die Ärzte der Sage nach enthauptet wurden, ist Teil des Essener Stadtwappens.

Die Bedeutung des Stifts wuchs rasant. Denn die Äbtissinnen Mathilde und Theophanu hatten allerbeste Kontakte zum Kaiserhaus. Die erste war Enkelin Ottos des I., die zweite Enkelin Ottos des II. Gestärkt mit so viel Vitamin B bauten sie ihre Macht und vor allem die Sammlung an kirchlichen Kunstschätzen kräftig aus. Auch hier dominiert eine Frau, die „Goldene Madonna", eine um das Jahr 1000 gefertigte

City of women

Historically speaking, Essen is really a women's city. That may come as a surprise in a region that was so strongly influenced by iron and steel and has a completely different image, one that calls to mind men mining coal with pneumatic hammers and boiling steel with sweat-covered brows, or well-dressed captains of industry steering their vessels round every obstacle, or not as the case may be. People like that existed in large numbers but first, for thousand years, women had the say in this city. Admittedly, Altfrid, Bishop of Hildesheim, is generally regarded as the city's founding father. His family also owned the Astnidhi estate, from which the city's name evolved via Assindia and Essende, rather than from the "Essen," or factory chimneys. In about 852 a convent for Saxon gentlewomen was built on the estate. Its first abbess was Gerswida, one of the bishop's relations. She has achieved due recognition only recently, thanks to historical research on which women collaborated. Two doctors, Cosmas and Damian, who performed many miracles in Asia Minor in the third century, became the convent's patron saints. Their statues still look down sternly, and with some bewilderment, from the new Rathaus, or city hall, at the hustle and bustle of city-centre shoppers. The sword that, legend has it, was used to behead them can be seen in Essen's coat-of-arms.

La ville des femmes

Essen est la ville des femmes. En principe. Historiquement. Cela peut paraître étonnant dans une région si fortement marquée par le charbon et l'acier, dont on a une image si différente. On pense plutôt à des hommes, le marteau-piqueur près du charbon, faisant bouillir l'acier, le front plein de sueur, ou bien à des hommes élégamment habillés, capitaines de l'économie, contournant tous les écueils ou bien pas. Ils ont aussi existé, en très grand nombre, mais ce furent tout d'abord les femmes qui pendant un millier d'années prirent les décisions dans la ville. C'est certes Altfrid, l'évêque d'Hildesheim, qui est considéré comme le père fondateur de la ville. C'est bien sa famille qui possédait également les terres d'Astnidhi qui, de Assindia en Essende, donnèrent naissance au nom actuel de la ville qui n'est pas, contrairement à ce que l'on pourrait croire, dérivé des «Essen», les cheminées des usines. C'est sur ces terres qu'est née vers l'an 852 une fondation religieuse pour femmes de la haute noblesse saxonne. La première abbesse fut Gerswida, une parente de l'évêque, dont le rôle ne fut apprécié à sa juste valeur que dans les travaux récents de quelques historiennes. Les médecins Côme et Damien qui, au IIIe siècle, avait accompli des miracles divers en Asie Mineure, devinrent les patrons de la ville. Les statues des deux médecins jettent aujourd'hui encore, du haut du nouvel hôtel de ville, un regard sévère et quelque peu perplexe sur la vie mouvementée du centre-ville. L'épée qui, selon la légende, aurait servi à décapiter les médecins, fait partie du blason de la ville d'Essen.

L'importance de la fondation religieuse crut très rapidement. Car les abbesses Mathilde et Theophanu avaient les

Die Goldene Madonna (links) ist die älteste vollplastische Marienfigur des Abendlandes. Um 990 wurde sie von der Äbtissin Mathilde II. in Auftrag gegeben.
Der Engel von Ewald Mataré (1887–1965) auf dem Dach des Bischofshauses wacht über den Burgplatz unweit des Münsters (oben).

The Golden Madonna (left) is the oldest statue of the Virgin Mary in the western world. Abbess Mathilde II commissioned it in around 990. The angel of Ewald Mataré (1887–1965) on the roof of the bishop's house keeps watch over Burgplatz, not far from the Minster (above).

La Vierge d'Or (à gauche) est la plus ancienne statue de la Vierge en Occident. Elle a été commandée vers l'an 990 par l'abbesse Mathilde II. L'ange d'Ewald Mataré (1887–1965) sur le toit du palais épiscopal veille sur la Burgplatz, non loin de la cathédrale (en haut).

Kaiser Wilhelm I. sitzt hoch zu Ross, wurde aber doch etwas an den Rand der Kettwiger Straße gedrängt. Von dort schaut er über den Burgplatz und das Essener Münster hinweg auf das Rathaus. Die frühgotische Hallenkirche hat ihre eigenen Reize und wurde um 850 auf den Fundamenten der Essener Stiftskirche, der Keimzelle der Stadt, errichtet.

The equestrian statue of Kaiser Wilhelm I has been moved to a rather peripheral location on Kettwiger Strasse. From there, he looks beyond Burgplatz and Essen Minster to the city hall. The early Gothic hall church has its own charms and was built in 850 on the foundations of the collegiate church that was the city's nucleus.

L'empereur Guillaume Ier trône sur son cheval mais a toutefois été un peu en recul de la Kettwiger Straße. De là, son regard se porte, au-delà de la Burgplatz et de la cathédrale, sur l'hôtel de ville. L'église-halle du début du gothique dégage un charme particulier et a été édifiée, vers l'an 850, sur les fondations de l'église collégiale d'Essen qui fut à l'origine de la ville.

Ein Besuch der Münsterkirche gerät zum Blick zurück auf die mehr als 1150-jährige Geschichte der Stadt, die mit Altfrid begann.
Der Siebenarmige Leuchter (oben) ist ein wichtiges Schmuckstück des Domschatzes.

A visit to the Minster turns into a look back on Essen's more than 1,150-year history. It began in 850 with Altfrid.
This seven-branched candelabrum (above) is another jewel of the cathedral treasury.

Une visite de la cathédrale permet de jeter un regard sur l'histoire vieille de 1150 ans de cette ville dont les racines remontent à Altfrid.
Le chandelier à sept branches (en haut) est l'un des autres joyaux du trésor de la cathédrale.

Skulptur, die älteste im Abendland erhaltene Vollplastik einer Maria. Gedankenverloren schaut sie mit großen Augen in die Welt, im Arm hält sie das Jesuskind, einen etwas groß und kräftig geratenen Jungen. Zweites spektakuläres Stück der Sammlung ist ein siebenarmiger Leuchter, etwa zur selben Zeit von Mathilde in die Stadt gebracht, eindrucksvoll, über zwei Meter hoch, noch heute nicht nur Teil des Münsterschatzes, sondern Teil der Kirche.
Durch die Jahrhunderte hielten die Frauen des Stifts die Macht, erst recht, als Essen zum Fürstentum geadelt wurde. Und die jeweilige Fürstäbtissin war die absolute Herrscherin. Gestärkt wurde ihre Position noch durch die Verbindungen zu weltlichen und kirchlichen Führern. Denn die Damen des Stifts kamen vorwiegend aus Familien des Hochadels. Hier in Essen lernten sie fürs Leben und wurden mit den „standesgemäßen" Umgangsformen vertraut gemacht.
Den Herren in der Stadt, den Bürgern, war so viel Frauenpower nie so ganz geheuer. 400 Jahre währte der Streit zwischen Stift und Stadt, er bemühte die Reichskammergerichte, er führte aber auch zu Händel und handfesten Auseinandersetzungen, ein aufmüpfiger Bürgermeister wurde kurzerhand auf Schloss Borbeck inhaftiert. 1670 lässt die Äbtissin Anna Salome die Stadt von ihren Truppen besetzen, weil mit dem Bau einer calvinistischen Kirche begonnen worden war. Es ging aber vor allem um die Kontrolle über die Kornlieferungen, und es war – wie so oft – auch Eitelkeit im Spiel: So schickte die Äbtissin ihre bewaffneten Bauern auch schon mal auf den Kriegspfad, als in

The convent's significance grew rapidly, because Abbesses Mathilde and Theophanu had excellent contacts with the imperial family. Mathilde was a granddaughter of Otto I, and Theophanu of Otto II. Strengthened by these connections, they energetically went about extending their power and, above all, a collection of religious art treasures. In this collection, too, the dominant role is played by a woman, the Golden Madonna, a sculpture dating from around 1000 that is the oldest surviving statue of the Virgin Mary in the western world. Lost in thought, she contemplates the world with her large eyes. In her arms she holds the infant Jesus, a somewhat large, chubby boy. The second spectacular item in the collection is a seven-branched candelabrum that Mathilde brought to the city at around the same time. More than two metres tall, it is an impressive piece, and still plays a role in the church, rather than just forming part of the cathedral treasury.
The women of the convent held power for centuries, all the more so when Essen was raised to the status of a principality. The princess abbess became the absolute ruler, and her position was further strengthened by her ties to secular and religious leaders, because most of the convent ladies were from aristocratic families. Here in Essen they learned life skills and manners "befitting their status."
Essen's gentlemen never felt particularly comfortable with so much feminine power. The struggle between convent and city continued for 400 years. It involved the imperial supreme court, and led to quarrels and violent confrontations. One rebellious mayor was summarily imprisoned in Schloss Borbeck. Abbess Anna Salome in 1670 ordered her troops to occupy the city because people had begun building a Calvinist church. The principal bone of contention was control over the supply of grain, but – as so often – vanity was also involved. The abbess was also

meilleurs contacts avec la Maison impériale. La première était la petite-fille d'Otton Ier, la seconde, la petite-fille d'Otton II. Fortes de cette protection, elles élargirent fortement leur domaine de souveraineté et, surtout, leur collection de trésors religieux. Eux aussi avaient à leur tête une femme, la «Vierge d'Or» (Goldene Madonna), une œuvre datant de l'an mil, la plus ancienne sculpture de la Vierge conservée en Occident. Perdue dans ses pensées, elle regarde le monde les yeux large ouverts, l'enfant Jésus sur le bras, un garçon un peu grand et fort. La deuxième pièce spectaculaire de la collection est un chandelier à sept branches amené dans la ville à la même époque par Mathilde, impressionnant, haut de plus de deux mètres, faisant partie aujourd'hui encore non seulement du trésor de la cathédrale mais de l'église.
Les femmes de la fondation restèrent au pouvoir pendant plusieurs siècles, à plus forte raison lorsque Essen se vit conférer le titre de principauté. Chaque princesse-abbesse régnait bien sûr en souveraine absolue. Leur position était encore renforcée par leurs relations avec les dirigeants séculiers et ecclésiastiques. Les femmes de la fondation étaient en effet issues pour la plupart de familles de la haute noblesse. Elles faisaient à Essen l'apprentissage de la vie et étaient préparées aux règles d'un savoir-vivre correspondant à leur condition.
Un si fort pouvoir des femmes a toujours paru un peu suspect aux hommes présents dans la ville, les citoyens. Les différends entre la fondation et la ville durèrent 400 ans; ils occupèrent les tribunaux supérieurs de l'Empire mais conduisirent aussi à maintes querelles et violentes disputes; un maire récalcitrant fut interné, sans autre forme de procès, dans le château de Borbeck. En 1670, l'abbesse Anna Salomé fit occuper la ville par ses troupes parce que l'on avait commencé à construire une

Lange vor seinem Aufstieg zur Industriemetropole war Essen schon Kulturstadt. Der beste Beweis hierfür findet sich in der Domschatzkammer, die einen der bedeutendsten europäischen Kirchenschätze, vornehmlich aus der Zeit von 980 bis 1060, beherbergt. Ihn verdanken die Essener den Fürstäbtissinnen, die fast tausend Jahre lang Stift und Stadt regierten.

Essen was a city of culture long before it rose to become an industrial metropolis. The best proof of this is in the cathedral treasure vault, which houses one of Europe's most important collections of ecclesiastical treasures, dating mainly from between 980 and 1060. Esseners owe this collection to the princess abbesses who governed the convent and the city for nearly a thousand years.

Essen était une ville de culture bien avant de devenir une métropole industrielle. La meilleure preuve se trouve dans le Trésor de la cathédrale qui abrite l'un des plus importants trésors religieux européens, datant principalement de la période allant de 980 à 1060. Essen doit ce trésor aux princesses-abbesses qui, pendant près de mille ans, régnèrent sur la fondation et la ville.

einer Ratsversammlung Schmähungen gegen die Chefin ausgesprochen wurden.
Aber das Selbstbewusstsein der Bürger wuchs parallel zu einem Wirtschaftszweig, der später ebenfalls den Namen der Stadt prägen sollte: die Herstellung von Waffen. Die Büchsenmacher von Essen hatten einen donnernden Ruf, auch weil die Schmiedegilde bereits 1544 amtlich bestellte Gewehrprüfer beschäftigte, die jede einzelne Flinte prüfen und abfeuern mussten. Bereits 1620 wurden täglich 50 Büchsen hergestellt – der Dreißigjährige Krieg hatte begonnen. Da die Essener alle Parteien belieferten, erhielten sie dafür auch die Quittung: Als der Krieg 1648 zu Ende geht, ist die Hälfte der Häuser in der Stadt zerstört.
Die Herrschaft der Frauen über die Stadt währt noch bis zum Jahre 1802. Sie endet am 3. August: Die Preußen rücken ein, Generalleutnant von Blücher führt seine Truppen in die Stadt, Stift und Reichsabtei werden säkularisiert. Dann übernimmt Napoleon das Regiment. Franz Dinnendahl baut die erste Dampfmaschine für die Kohleförderung, ein Friedrich Krupp gründet 1811 eine Fabrik für Gussstahl. Männer allesamt. Jetzt kommt ihre Zeit, muskelbepackt oder im feinen Zwirn. Immerhin: Vielleicht hing es ja mit den historischen Wurzeln der Stadt zusammen, dass Essen auch in demokratischer Zeit als eine der ersten deutschen Großstädte eine Frau an der Spitze hatte, eine Oberbürgermeisterin.

known to send her armed peasants on the warpath after rude remarks had been made about her at a council meeting.
But bourgeois self-confidence increased in line with a branch of industry with which the town was to make its name, the manufacture of weapons. Essen gunsmiths' excellent reputation was partly due to the fact that as early as 1544 their guild employed officially appointed rifle inspectors to test and fire every shotgun. By 1620, they were producing 50 rifles a day – the Thirty Years' War had begun. Essen supplied both sides, and paid the price for doing so. By the time the war ended in 1648, half the buildings in the town had been destroyed.
Women's rule in Essen lasted until 1802. It came to an end on 3 August when Prussian troops led by Lieutenant-General Blücher marched into the city. The convent and the imperial abbey were secularised. Next, Napoleon took over. Franz Dinnendahl built the first steam engine for mining coal, and in 1811 a certain Friedrich Krupp set up a factory for cast steel. All men. Whether manual workers rippling with muscles or well-dressed gentlemen, their day had come. Nevertheless, the fact that even in the age of democracy Essen was one of the first major German cities to be headed by a lady mayoress may have had something to do with the city's historical roots.

église calviniste. Il s'agissait en fait, avant tout, de garder le contrôle des livraisons de blé mais c'était aussi – comme bien souvent – une question de vanité: c'est ainsi que l'abbesse envoya plus d'une fois ses paysans armés sur le chemin de la guerre après qu'elle eut été injuriée lors d'un conseil.
Mais le sentiment de valeur des citoyens crut parallèlement à ce qui devait, par la suite, marquer le nom de la ville: la fabrication des armes. Les armuriers d'Essen avaient une réputation détonante, entre autres parce que la corporation des forgeurs employait dès 1544 des essayeurs de canons désignés d'office qui devaient vérifier chaque canon et décharger. En 1620, on fabriquait déjà 50 canons par jour – la guerre de Trente Ans avait commencé. Les fabricants d'Essen livrant leurs armes à toutes les parties engagées, ils durent en payer le prix: à la fin de la guerre, en 1648, la moitié des maisons de la ville sont détruites.
La domination des femmes se prolonge encore jusqu'en 1802. Elle prend fin le 3 août: les Prussiens entrent dans la ville, le général de brigade von Blücher mène ses troupes dans la ville, la fondation et l'abbaye impériale sont sécularisées. C'est ensuite Napoléon qui exerce le pouvoir. Franz Dinnendahl construit la première machine à vapeur destinée à l'extraction minière, un certain Friedrich Krupp fonde en 1811 une fabrique pour l'acier. Ce sont tous des hommes. Qu'ils soient tout en muscles ou en costume-cravate, leur ère commence maintenant. Toujours est-il qu'Essen est l'une des premières grandes villes allemandes à avoir eu, à l'ère démocratique aussi, une femme à sa tête, une mairesse; cela a peut-être un lien avec les racines historiques de la ville.

Die Isenburg oberhalb der Ruhr wurde 1242 gebaut, aber schon 1288 von Graf Eberhard von der Mark wieder zerstört.

Isenburg castle overlooking the River Ruhr was built in 1242, Count Eberhard von der Mark destroyed it as early as 1288.

Le château fort d'Isenburg situé sur les hauteurs de la Ruhr fut construit en 1242 mais détruit dès 1288 par le comte Eberhard von der Mark.

Die Stadtteile

In einem Punkt sind die Menschen hier genauso wie die Bewohner jeder anderen Großstadt. Ihr Herz gehört nur zur Hälfte der Stadt, die andere Hälfte schlägt kraftvoll für das Viertel, den Vorort. Und wer sich Richtung Kennedyplatz oder Hauptbahnhof aufmacht, der fährt „in die Stadt“, auch wenn das nur um zwei, drei Ecken ist. Das hängt auch damit zusammen, dass die meisten der 50 Stadtteile noch nicht einmal 100 Jahre zu Essen gehören. Den Anfang machten zu Beginn des vorigen Jahrhunderts die klassischen Wohnorte der Kruppianer: Frohnhausen, Holsterhausen, Altendorf, der restliche Westen, von Bergeborbeck bis Bredeney, kam 1915 dazu, der Osten, von Katernberg bis Kupferdreh, erst 1929. Letzte Perle auf der Kette ist Kettwig ganz im Süden, seit 1975 im Klub, aber so richtig gewöhnt hat man sich dort noch nicht ans „Essener-Sein“.
Kein Wunder, der Ort rechts und links der Ruhr hat wie mehrere andere Stadtteile eine ganz eigene Geschichte, die Jahrhunderte zurückreicht. Den besten Eindruck davon bekommt der Besucher beim Rundgang durch die Altstadt. Mit viel Liebe sind die Fachwerkhäuser restauriert worden. Ein kleiner Brunnen, wie ein Webstuhl konstruiert, erinnert an die industrielle Vergangenheit Kettwigs, die Tuchfabrikation, die 300 Jahre den roten Faden der Stadtgeschichte sponn.
Ruhraufwärts schließt sich der Methusalem der Essener Stadtteile an: Werden. Es war der Friesen-Missionar Liudger, der 799 hier den Grundstein für

The city and its parts

In one way people here are just like the residents of every other major city. They love the city, yet feel a strong attachment to their own district or suburb. When people set out for Kennedyplatz or the main railway station they say they are going “into town” even if it is just two or three blocks away. That is partly because most of the city’s 50 districts have belonged to Essen for less than 100 years. The process of incorporation started in the early twentieth century with Frohnhausen, Holsterhausen and Altendorf, traditional residential districts for Krupp employees. The other western districts, from Bergeborbeck to Bredeney, were added in 1915, while eastern districts from Katernberg to Kupferdreh were not incorporated until 1929. The last bead in the necklace is Kettwig in the far south. It joined in 1975 but its residents are still not entirely used to the idea of “being an Essener.”
That is no wonder given that the town that spans the River Ruhr, like several other districts of Essen, has a centuries-old history of its own. Visitors can see this most vividly on a walk round the historic town centre. Half-timbered buildings have been lovingly restored and a small fountain in the shape of a weaver’s loom recalls Kettwig’s industrial past and the clothmaking industry that was the main thread running through the town’s history for 300 years.
Upstream, neighbouring Werden is the Methuselah of Essen’s districts. When Liudger, missionary to the Frisians, laid the foundation stone for a monastery church here in 799, he can hardly have imagined that one day he would be buried in the abbey that was later built on that spot.

La ville et les quartiers

Les habitants de la ville d’Essen ressemblent, sur un point, à ceux de toute autre grande ville. Leur cœur n’appartient qu’à moitié à la ville, l’autre moitié bat pour le quartier, le faubourg. Et celui qui part pour la place Kennedy ou la gare centrale, va «en ville» même s’il se trouve à trois pas de là. Cela tient aussi au fait que la plupart des 50 quartiers ont été rattachés à la ville voilà moins de 100 ans. Les premiers au début du siècle dernier, les quartiers où vivaient les employés de Krupp: Frohnhausen, Holsterhausen, Altendorf, puis en 1915 les autres quartiers ouest, de Bergeborbeck à Bredeney, et enfin en 1929, les quartiers est, de Katernberg à Kupferdreh. La dernière perle sur la chaîne est Kettwig, tout au sud, membre du club depuis 1975, qui a encore bien du mal à se sentir intégrée dans la ville d’Essen. Rien d’étonnant à cela puisque ce lieu situé de part et d’autre de la Ruhr a, comme bien d’autres quartiers, sa propre histoire millénaire. Le visiteur peut s’en rendre compte en visitant la vieille ville. Les maisons à colombages ont été restaurées avec amour. Une petite fontaine, construite en forme de métier à tisser, rappelle le passé industriel de Kettwig, la fabrication du drap qui a filé le fil rouge de l’histoire de la ville pendant 300 ans.
On trouve, en remontant la Ruhr, le plus ancien des quartiers d’Essen: le quartier de Werden. C’est le missionnaire frison Saint Léger qui posa ici, en 799, la première pierre d’une église abbatiale sans certes savoir que c’est dans l’abbaye qui fut érigée ensuite sur ce site qu’il trouverait sa dernière demeure.

Der historische Kern des Stadtteils Kettwig (oben) lässt tiefe Blicke in die Geschichte zu. Viele Fachwerkhäuser – wie hier an der Ruhrstraße – wurden in den vergangenen 30 Jahren liebevoll restauriert.
„Wie der Einbruch von Jazz in eine klassische Komposition", lobte der Direktor des Museum of Modern Art, Glenn Lowry, den vielfach preisgekrönten Betonkubus der Zollverein School, entworfen vom japanischen Architekten-Duo Sanaa (rechts).

The historic heart of the Kettwig district (above) reveals a lot of history. Many half-timbered buildings like those here on Ruhrstrasse have been lovingly restored in the past 30 years.
It is "like the invasion of jazz into a classical composition," said the director of the Museum of Modern Art, Glenn Lowry, praising the much-lauded concrete cube of the Zollverein School, designed by two Japanese architects, Sanaa (right).

Le centre historique du quartier de Kettwig (en haute) permet d'avoir une vue profonde sur l'histoire. De nombreuses maisons à colombages, comme ici sur la Ruhrstraße, ont été restaurées avec soin au cours de 30 dernières années.
«Comme l'irruption du jazz dans une composition classique», c'est ainsi que Glenn Lowry, directeur du Museum of Modern Art, faisait l'éloge du cube de béton de la Zollverein School, conçu par les architectes japonais Sanaa (à droite).

eine Klosterkirche legte, ohne wohl zu ahnen, dass er in der später darauf entstandenen Abtei auch seine letzte Ruhestätte finden würde.
In Werden wird die Ruhr zum Baldeneysee aufgestaut, über die Stadtteile Heisingen (ebenfalls 799 erstmals erwähnt, heute ein beschaulicher Wohnort) und Kupferdreh (Basislager für Seeumrundungen aller Art, 14,7 Kilometer lang, und kleiner Bahnhof für die historische Hespertalbahn) geht's nach Steele, wo Kaiser Otto 938 Hof hielt. Ein zentraler Platz trägt dem Ereignis und dem hohen Besuch zu Ehren noch seinen Namen.
Nördlich von Steele, im Stadtteil Kray, stößt der Besucher auf den neben der Ruhr zweiten Leitfaden durch die Stadt: die A 40, wie der Ruhrschnellweg heute heißt, einst Hellweg, dann die alte B1 zwischen Aachen und Ostpreußen, also wahrlich eine Straße mit Geschichte. Noch immer teilt sie die Stadt in Nord und Süd, wenn auch nicht mehr so kategorisch in Arm und Reich, grau und grün. Die klassischen Arbeiterviertel findet der Besucher aber nach wie vor nördlich der A 40. Wie zum Beispiel Altenessen und Stoppenberg, hier sind viele Kumpel zu Hause, auch wenn die letzen Zechen in den 1970ern und 80ern geschlossen wurden. Stoppenberg hält zudem noch ein paar herausragende Sehenswürdigkeiten bereit. Etwa die dreischiffige romanische Basilika aus dem Jahre 1073 oder die Nikolauskirche, 1907 von Carl Moritz gebaut, eine der ganz wenigen Jugendstilkirchen in Deutschland. Wer sich weitergehend für die Architektur des beginnenden 20. Jahrhunderts interessiert, der muss zwingend noch einmal die A 40 überqueren und sich zur Maggi-Höhe durchfragen. So nennen die Essener die von Margarethe Krupp gestiftete Siedlung Margarethenhöhe, die der Architekt Georg Metzendorf um 1910 im Stil einer englischen

In Werden, the Ruhr was dammed to form the Baldeneysee. Via Heisingen (a tranquil residential area whose existence was also first recorded in 799) and Kupferdreh (the starting-point for tours round the lake's 14.7-kilometre circumference, and a small station for the historic Hesper Valley Railway) one comes to Steele, where Emperor Otto held court in 938. To recall the event and honour this exalted guest's visit, the central square is named after him.
To the north of Steele in the district of Kray the visitor will find the second connecting thread that runs through the city, after the River Ruhr. It is the A 40 autobahn, as the Ruhr expressway is now called. Formerly, after starting out as the Hellweg, it was the old B1 federal highway between Aachen and East Prussia – truly, a road with a history. It still divides Essen into north and south though no longer so abruptly into poor and rich, grey and green. Visitors will still find the traditional working class quarters to the north of the A 40, however, places like Altenessen and Stoppenberg, which are still home to many miners even though the last collieries were shut down in the 1970s and 1980s. Moreover, Stoppenberg still boasts several outstanding places of interest, among them a triple-naved Romanesque basilica dating back to 1073 and the Nikolauskirche. Built by Carl Moritz in 1907, this is one of a small number of Art Nouveau-style churches in Germany. Anyone whose interest in early twentieth century architecture extends any further is strongly recommended to recross the A 40 and ask the way to "Maggi-Höhe." This is the local nickname for Margarethenhöhe, the housing estate founded by Margarethe Krupp in 1910. Architect Georg Metzendorf designed it in the style of an English garden city. "Picturesque" is

C'est à Werden que les eaux de Ruhr sont retenues pour former le lac de Baldeney; en passant par les quartiers de Heisingen (cité pour la première fois en 799, aujourd'hui un lieu de résidence tranquille) et de Kupferdreh (lieu de départ de promenades de tout genre autour du lac long de 14,7 kilomètres avec une petite gare pour le train historique, la Hespertalbahn), on arrive à Steele où l'Empereur Otton Ier tenait sa cour en 938. Une place centrale porte encore son nom en l'honneur de cet événement et de cet invité de marque.
Le visiteur se heurte, au nord de Steele, dans le quartier de Kray, au second axe qui, outre la Ruhr, conduit à travers la ville: l'autoroute A 40, l'ancienne voie rapide de la Ruhr, autrefois Hellweg, puis ancienne route B1 entre Aix-la-Chapelle et la Prusse-Orientale, une route véritablement chargée d'histoire. Elle partage toujours la ville entre nord et sud même si cela n'est plus vraiment une répartition entre riches et pauvres, grisaille et verdure. Le visiteur trouve cependant encore les quartiers ouvriers classiques au nord de la A 40. Comme par exemple Altenessen et Stoppenberg où vivent nombre d'anciens mineurs même si les dernières mines ont été fermées dans les années 70 et 80. Stoppenberg réserve de surcroît au visiteur quelques curiosités remarquables. Par exemple la basilique à trois nefs, de style roman, datant de l'année 1073 ou bien l'église Saint Nicolas, construite en 1907 par Carl Moritz, l'une des rares églises de style Art Nouveau de l'Allemagne. Celui qui porte un intérêt particulier à l'architecture du début du XXe siècle, doit absolument retraverser l'autoroute A 40 et chercher le chemin qui mène à la «Maggi-Höhe». C'est le nom donné par les habitants d'Essen à la cité fondée par Magarethe Krupp et construite vers 1910 par l'architecte Georg Metzendorf dans le style d'une cité-jardin anglaise. Le terme de

Noch älter als der Essener Dom ist die Klosterkirche in Werden als Teil der um 800 von dem Friesen Liudger gegründeten Abtei am Ruhrufer im Süden (oben).
Auf jeden Fall einen Abstecher wert: die Schatzkammer von St. Ludgerus in Werden (rechts).

The monastery church in Werden is even older than Essen Cathedral. It is part of an abbey founded in around 800 by Liudger the Frisian on the bank of the Ruhr to the south (above).
The treasury of St Ludgerus in Werden (right) is definitely worth a visit.

Elle est encore plus ancienne que la cathédrale d'Essen: l'église abbatiale de Werden, partie d'une abbaye fondée vers l'an 800 par le Frison Liudger, est située sur la rive de la Ruhr, au sud (en haut).
Absolument digne d'un détour: la Chambre du Trésor de St. Ludgerus à Werden (à droite).

Die Abteikirche in Werden wurde 1256 auf den Grundmauern der bereits 799 gebauten Klosterkirche errichtet.

Werden Abbey was built in 1256 on the foundation walls of a monastery church dating back to 799.

C'est sur les fondations de l'église conventuelle fondée dès l'an 799 que fut édifiée en 1256 l'église abbatiale de Werden.

Die Zeche Bonifacius in Essen-Kray gehört zu den architektonisch schönsten Anlagen im Ruhrgebiet. Die zwischen 1902 und 1905 gebaute Zeche besticht durch ein im neugotischen Stil erbautes Verwaltungs- und Kauengebäude, die Maschinenhallen hingegen zeigen Formen des Jugendstils und des Neobarocks. 1967 wurde die Zeche stillgelegt. Heute ist sie denkmalgeschützt.

The Bonifacius mine in Essen-Kray boasts one of the finest architectural complexes in the Ruhr. Built between 1902 and 1905, it includes an administrative building and bathhouse built in neo-Gothic style, while the machine halls display Art Nouveau and neo-Baroque forms. The pit, closed down in 1967, is now a listed monument.

La mine Bonifacius à Essen-Kray compte parmi les plus belles constructions industrielles du bassin de la Ruhr. Cette mine construite entre 1902 et 1905 séduit par un bâtiment administratif et sanitaire construit dans le style néogothique, les salles des machines empruntant leurs formes au style Art nouveau et au néobaroque. La mine a été fermée en 1967. Elle est aujourd'hui classée patrimoine culturel.

Gartenstadt errichten ließ. Das Wort pittoresk beschreibt den Eindruck der schmalen Sträßchen und kleinen Häuser wohl am treffendsten.
Zurück in den Norden, jetzt aber tief in den Westen. Borbeck. Mitten zwischen den immer noch den Ortsteil prägenden Zechenhäusern und Kruppsiedlungen liegt das alte Wasserschloss (1360), dessen Park (42 ha) ebenso ein Anziehungspunkt für Besucher ist wie die nahe gelegene Dampfbierbrauerei.
Gastronomisch haben zwar alle kleinen und größeren Zentren Essens etwas zu bieten, es gibt aber einen Stadtteil, der ein bisschen herausragt: Rüttenscheid, südlich des Bahnhofs. Hier ist die Kneipendichte noch etwas größer, hier zeigt die halbe Welt, was es alles zu braten, kochen oder grillen gibt. Andere Länder, andere Fritten. Von der Sternchengastronomie mal ganz zu schweigen, die verteilt sich aber wieder übers ganze Stadtgebiet.
Und zum Schluss noch mal „in die Stadt", ins Zentrum. Wer aus Bochum über die A 40 kommend erstmals die City erreicht, hat durchaus den Eindruck, plötzlich in einer Metropole zu sein. Links der runde Turm der RWE, des Energiekonzerns, daneben die funkelnden Hochhäuser von Evonik, wie die frühere Ruhrkohle und spätere RAG sich jetzt nennt, in deren Scheibenfront sich der Hauptbahnhof und die Kettwiger, die große Einkaufsstraße, eindrucksvoll spiegeln. Hier ist Essen ganz Großstadt, und die Silhouette ist eindrucksvoller als bei den Nachbarn im Revier, Bochum, Dortmund oder Duisburg. Was die meisten Essener dann auch genießen. Kurz. Um später wieder nach Hause zu fahren. Raus aus Essen. Nach Borbeck. Heisingen. Stoppenberg. Oder wie sie sonst heißt, die andere Hälfte ihres Herzens.

probably the best word to describe its narrow streets and small houses.
Heading back north, but this time further to the west, one comes to Borbeck. Amid the colliery buildings and Krupp housing estates that still dominate this district stands a castle surrounded by water. It dates back to 1360, and both its 42-hectare park and the nearby steam-beer brewery are attractions for visitors.
Gastronomically, all Essen's major and minor centres have something to offer. However, one district stands out above the rest – Rüttenscheid to the south of the railway station, where the bars are closer together and people from all over the world demonstrate the variety of ingredients that can be fried, boiled or barbecued. Variety is the spice of life. Not forgetting the starred gastronomic establishments scattered all over the city.
Finally, back "to town," into the city centre. The immediate impression of anyone arriving there for the first time via the A 40 from Bochum is that of landing in a metropolis. To the left is the round tower of the RWE energy corporation, followed by the glittering skyscrapers of Evonik, as the Ruhrkohle corporation and later RAG is now known, with the railway station and Kettwiger Strasse, the main shopping street, reflected impressively in their plate glass facades. Here, Essen is a city through and through and its skyline is more impressive than those of Ruhr neighbours Bochum, Dortmund and Duisburg, a fact from which Essen people derive satisfaction – briefly, before leaving Essen and returning to Borbeck, Heisingen, Stoppenberg, or whatever the other object of their affection is called.

pittoresque est certainement celui qui décrit le mieux l'impression qui se dégage de ses ruelles étroites et de ses petites maisons.
Mais retournons dans le nord, cette fois tout à fait à l'ouest. Borbeck. Au cœur de ce quartier encore fortement marqué par les mines et les corons de Krupp s'étend l'ancien château entouré d'eau (1360) dont le parc (42 hectares) est, tout comme la brasserie de bière à la vapeur, un lieu d'attraction pour les touristes.
Tous ces «centres» de la ville d'Essen, les petits et les plus grands, ont une riche gastronomie mais l'un de ses quartiers occupe une place un peu exceptionnelle: il s'agit de Rüttenscheid, au sud de la gare. Le nombre de cafés y est encore plus élevé, chacun montre ici ce qu'il sait cuisiner, sait faire frire ou sait faire griller. D'autres pays, d'autres cuisines. Sans parler de la grande gastronomie qui est présente dans toute la ville.
Et pour finir, retournons encore une fois «en ville», dans le centre. Celui qui arrive pour la première fois au centre-ville, venant de Bochum par l'autoroute A 40, a vraiment l'impression d'être soudainement dans une métropole. A gauche, la tour ronde de la compagnie d'électricité RWE, à côté les gratte-ciel étincelants d'Evonik (auparavant la RAG et la compagnie minière Ruhrkohle), dans la façade desquels se reflètent de manière impressionnante la gare et la rue commerçante, la Kettwiger. Essen est ici une vraie grande ville et sa silhouette est plus impressionnante que celle de Bochum, de Dortmund ou de Duisbourg, les villes voisines du bassin minier. Ce que la plupart des habitants d'Essen apprécient. Pour un moment. Pour repartir ensuite à la maison. Sortir d'Essen. Pour se rendre à Borbeck, Heisingen, Stoppenberg. Ou dans un autre quartier portant le nom de cette autre moitié du cœur.

Das Borbecker Wasserschloss (oben) präsentiert sich heute als spätbarocker Bau und wird als Kultur- und Veranstaltungszentrum genutzt. Mit seinem großen Park lädt er nicht nur im Sommer zum Spaziergang ein.
Das hochherrschaftliche Schlosshotel Hugenpoet (rechts), ein Wasserschloss aus dem 17. Jahrhundert, liegt im äußersten Süden der Stadt und hat manches berühmte, auch gekrönte Haupt gebettet.

Borbeck castle (above), surrounded by water, a late Baroque-style building, is a cultural centre and event venue, while its extensive park is a pleasant place for walks.
The palatial hotel Hugenpoet (right), in a seventeenth-century castle surrounded by water, is in the extreme south of the city and has had many famous visitors, including royalty.

Le château entouré d'eau de Borbeck (en haut), construit à la fin du baroque, est aujourd'hui un centre culturel et de manifestations diverses. Avec son grand parc il invite à la promenade, non seulement en été.
Le chateau-hôtel très élégant, Hugenpoet (à droite), un château entouré d'eau du XVIIe siècle, est situé tout au sud de la ville et a accueilli des personnes célèbres et même aussi des têtes couronnées.

Die Nikolauskirche im Stadtteil Stoppenberg wurde vom Kölner Baumeister Carl Moritz Anfang des vorigen Jahrhunderts gebaut (1904–1907). Sie ist eine der wenigen Jugendstilkirchen in Deutschland. Das Gebäude ist aus Rotsandstein errichtet.

The Nikolauskirche in the district of Stoppenberg was built in the early twentieth century (1904–1907) by Cologne architect and master builder Carl Moritz. It is one of the few Art Nouveau-style churches in Germany. It was built from red sandstone.

L'église Saint-Nicolas dans le quartier de Stoppenberg a été édifiée par l'architecte de Cologne Carl Moritz au début du siècle dernier (1904–1907). C'est l'une des rares églises de style Art Nouveau de l'Allemagne. Elle est construite en grès rouge.

Grün auf Halde

Der Wind hat eine Freischicht eingelegt und der Sonne die Regie für diesen Tag überlassen. Nur die dünnsten Zweige der dicken Buchen spielen miteinander. Ohne Vögel wäre es still. Zwei Jogger sind längst vorbeigeschwitzt, die Spaziergänger kommen erst am Nachmittag in den Schellenberger Wald, nur eine der vielen Oasen im Essener Stadtgebiet. An einer Stelle liegt Kies zwischen den Bäumen. Wer ihn betritt, ahnt meist nicht, dass er hier mitten im grünsten Grün nicht nur den Wurzeln der Pflanzen, sondern auch den Wurzeln der Geschichte nahe ist. Darunter, rund 500 Meter tief, liegt ein alter Schacht für den Kohleabbau, längst aufgegeben, aber eben nur zugedeckelt. Am Kies können die regelmäßig vorbeischauenden Prüfer feststellen, ob sich der Untergrund bewegt. Das ist typisch für die Stadt. Nicht nur Gebäude und Menschen, auch die Landschaft wurde von der Industrie geprägt. Man sieht es halt meist nicht mehr, weil Gras darüber gewachsen ist.
Vor allem über die vielen Bergbauhalden. Aufgetürmt aus dem nicht verwertbaren Material der Kohleförderung, sind sie heute bepflanzt und bewaldet. Über 2500 Hektar erstreckt sich das Waldgebiet der Stadt, überwiegend sind es Buchen und Eichen. Auch sie wurden über Jahrhunderte von der Industrie genutzt. Zunächst als Holzkohle, die zur Verarbeitung von Metall nötig war, später, als es gelang, Kohle für die Verhüttung zu nutzen, wurden die Stämme unter Tage als Stempel, als Stütze gebraucht. Sie hatten gegenüber den später zum Schutz der Männer gebauten Stahlschilden einen Vorteil, so erzählten es die Kumpel, sie knackten, bevor sie brachen.
Dem Bergbau wurden auch steinerne Denkmäler gesetzt: Der „Heiligen Barbara", der Schutzpatronin der Bergleute etwa, wird am Evonik-Haus gedacht, in Steele waschen sich „Ötte" und

Of slag-heaps and greenery

The wind has subsided and left the sun in charge for the day. Only the thinnest twigs of the stout beech trees are playing. Were it not for the birds, silence would reign. Two joggers panted past long ago and strollers do not come to the Schellenberger Wald, one of many oases in the Essen municipal area, until the afternoon. In one place the ground between the trees is covered in gravel. Most people who step on it have no idea that here amidst the greenest of greenery they are close to the roots not only of plants but also of history. Beneath the gravel is the shaft of a former coalmine. Approximately 500 metres deep, it was abandoned long ago but merely covered over. Inspectors who call by regularly can tell from the gravel whether the ground below has moved. That is typical of Essen, where not only buildings and people but the landscape, too, was shaped by industry. In most cases you don't even notice because it is now overgrown with grass.
Above all, grass has grown over the many slag-heaps. These piles of mine waste are now planted and forested. More than 2,500 hectares of municipal forest consists mainly of beech and oak trees. For centuries they were put to industrial use, initially as charcoal, which was needed to process metal. Later, when people discovered how to use coal for smelting, tree trunks were used as props in the mines. Miners said they had one advantage over the steel shields that were subsequently installed to protect them: they creaked before collapsing.
Mining is also commemorated by monuments in stone. St Barbara, the patron saint of miners, is remembered on the Evonik building, while in Steele two miners, "Ötte" and "Willem," can be seen washing themselves at a fountain

Du vert sur les terrils

Le vent n'est pas de service aujourd'hui et le soleil assure la régie de la journée. Seules s'entremêlent les branches les plus frêles des grands hêtres. Sans les oiseaux, ce serait calme. Les deux joggeurs qui sont passés, transpirant, sont déjà loin, les promeneurs ne viennent que l'après-midi dans la forêt de Schellenberg, l'une des nombreuses oasis de verdure du territoire de la ville d'Essen. A un endroit, on a répandu du gravier entre les arbres. Celui qui marche dessus, ne sait généralement pas que là où le vert est le plus vert, il se trouve non seulement proche des racines des plantes mais aussi des racines de l'Histoire. En dessous, à 500 mètres de profondeur, se trouve un ancien puits de mine, abandonné depuis longtemps mais seulement recouvert. Le gravier permet aux vérificateurs qui passent ici régulièrement de voir si le sous-sol bouge. C'est typique de cette ville. L'industrie n'a pas marqué seulement les constructions et les hommes mais aussi le paysage. Cela ne se voit que rarement parce que l'herbe a repoussé.
Surtout sur les nombreux terrils. Amoncellements des matériaux non récupérables de l'extraction minière, ils sont aujourd'hui couverts de plantes et reboisés. La forêt municipale s'étend sur plus de 2500 hectares, composée essentiellement de chênes et de hêtres. Eux aussi ont été exploités par l'industrie pendant des siècles. Tout d'abord comme charbon de bois, nécessaire au traitement du métal; plus tard, lorsque l'on parvint à se servir du charbon pour le traitement des minerais, les troncs furent utilisés, au fond, comme supports, comme étançons. Selon les dires des mineurs, ils avaient, comparés aux boucliers métalliques construits par la suite pour protéger les hommes, un avantage certain: ils craquaient avant de s'écrouler.
Des monuments de pierre furent aussi érigés en souvenir de la mine: sainte

Grüner als gedacht: Essens Wald erstreckt sich über eine Fläche von 1650 Hektar mit geschätzten 2,6 Millionen Bäumen, die älter sind als zehn Jahre. Hier der Krupp-Wald zwischen dem Stadtteil Bredeney und dem malerisch gelegenen Baldeneysee. „Steile Lagerung" nannte Max Kratz dieses Bronzedenkmal (rechts), das seit 1989 vor dem früheren RAG-Haus, der heutigen Evonik-Zentrale, steht: „Zur Ehrung der Bergleute und ihrer schwierigen Arbeit unter Tage."

Greener than imagined: Essen's woodland extends over an area of 1,650 hectares with an estimated 2.6 million trees older than ten years. Here are the Kruppwoods between the suburb of Bredeney and picturesque Baldeneysee Lake.
Steile Lagerung (Edge Coal), on the right. This bronze monument by Max Kratz has stood outside today's Evonik building since 1989 "to honour the miners and their hard work underground."

Plus vert qu'imaginé: la forêt de Essen s'étend sur 1650 hectares englobant environ 2,6 millions d'arbres qui ont plus de dix ans. On voit ici la forêt Krupp entre le quartier de Bredeney et le lac de Baldeney si pittoresquement situé.
La «Steile Lagerung» (à droite), ainsi que l'a appelée son créateur, Max Kratz, est un monument en bronze, dressé en 1989 devant l'ancienne «RAG-Haus», l'actuelle centrale d'Evonik, «en l'honneur des mineurs de fond et de leur dur labeur».

„Willem", die beiden Kumpel, an einem Brunnen wie ihre Vorbilder einst in der Kaue, wie Dusche und Umkleideraum auf der Zeche hieß. Über dem Tunneleingang der A 40 an der Freiheit steht die „Steile Lagerung", sie zeigt eine Handvoll Kumpel bei ihrer einst so harten, unglaublich gefährlichen Arbeit. Einen ersten Eindruck vom Bergbau vermittelt auch der geologische Wanderweg im Süden der Stadt, dort, wo alles begann, wo die Kohle noch im Tagebau geschürft werden konnte.
1317 wird die Kohle zum ersten Mal in der Essener Geschichte erwähnt. Damals wurde der „schwarze Bernstein" wegen seines heftigen Geruchs nur von den Habenichtsen zum Heizen benutzt. Das sollte sich ändern. Insgesamt 900 Zechennamen tauchen in der Geschichte der Stadt auf. Wie eine unersättliche Raupe, die sich von Blatt zu Blatt durchfrisst, hat sich der Bergbau hier im Nordosten der Stadt in Jahrzehnten durch die unterirdischen Steinkohle-Flöze gefräst. „Zollverein" ist der mit Abstand bekannteste: Bis in 1200 Meter Tiefe und mit einer Fördermenge von 12 000 Tonnen verwertbarer Kohle pro Tag – ein Wunderwerk der Rationalisierung, das 1932 in Betrieb ging.
Auch wenn die monumentale Schönheit der Zeche Zollverein über Tage damals schon greifbar nah war: Wer verschwendete seinerzeit auch nur einen Gedanken an das ebenso funktionelle wie schlicht-schöne Ensemble kubischer Formen, mit dem die beiden Zechen-Architekten Fritz Schupp und Martin Kremmer dem Bergbau ein Denkmal setzten, wer hatte ein Auge für die Bauhaus-Anleihen sowie das stimmige Erscheinungsbild bis ins Detail? Der rußgeschwärzte Industrie-Koloss aus Stein und Stahl, er gab Tausenden Menschen Arbeit und Brot, das war es, was zählte. Und erst als nach mehr als 210 Millionen Tonnen geförderter Kohle am 23. Dezember 1986 der Deckel auf den Pütt kam, wuchsen die Träume von sei-

just as their real-life models used to do in the "Kaue," the colliery bathhouse. Above the entrance to the A 40 autobahn tunnel on Freiheit stands "Steile Lagerung" (Edge Coal), a sculpture portraying a group of miners engaged in what was hard and incredibly dangerous work. One can also gain an initial impression of mining on the geological trail in the south of the city, the place where it all began, in the days when coal was dug from open-cast mines.
The first mention of coal in the history of Essen dates back to 1317. Back then, only paupers used the "black amber" for heating, because of its acrid smell. That was to change. The names of no fewer than 900 collieries feature in the city's history.
Like an insatiable caterpillar eating its way from leaf to leaf, here in the north-east of the city the mine cut its way through the subterranean coal seams for decades. The best known by far is "Zollverein". It extracted 12,000 tonnes of utilisable coal per day from up to 1,200 metres below the surface. This miracle of rationalisation began operations in 1932.
The monumental beauty of the overground buildings and machinery of "Zeche Zollverein" was within reach even then, but who in those days wasted a single thought on this functional yet austerely beautiful ensemble of cube-shaped buildings that colliery architects Fritz Schupp and Martin Kremmer turned into a monument to mining? Who noticed the Bauhaus borrowings and the visual harmony, down to the last detail? The soot-blackened industrial colossus of stone and steel gave thousands of people work and bread, and that was what counted. Only when 210 million tonnes of coal had been extracted and the pit was closed down on 23 December 1986 did dreams of metamorphosis begin to rise into the blue sky over the Zollverein.

Barbe, patronne des mineurs, sur le bâtiment d'Evonik; à Steele, ce sont «Ötte» et «Willem», deux mineurs, qui se lavent au lavoir comme le faisaient autrefois leurs ancêtres dans la salle des bains-douches de la mine. Au dessus de l'entrée du tunnel de l'autoroute A 40, sur la Freiheit, la sculpture «Steile Lagerung» montre une poignée de mineurs au travail, un travail autrefois si dur et si incroyablement dangereux. Le chemin géologique de randonnée donne également une première impression de ce qu'était l'exploitation minière; il est situé au sud de la ville, là où tout a commencé, où le charbon pouvait encore être exploité à ciel ouvert.
Le charbon est mentionné pour la première fois en 1317 dans l'histoire de la ville d'Essen. Cet «ambre noir» n'était utilisé à cette époque pour le chauffage que par les sans-le-sou en raison de son odeur pénétrante. Cela a changé par la suite. On enregistre dans l'histoire de la ville un total de 900 noms de mine.
Comme une chenille insatiable qui se fraie un passage de feuille en feuille, l'exploitation minière, pendant des dizaines d'années, s'est fraisée ici, dans le nord-est de la ville, à travers les couches de houille souterraines. Le plus connu de loin est «Zollverein». Jusqu'à 1200 mètres de profondeur et avec un volume d'extraction de 12 000 tonnes de charbon utilisable par jour – un merveilleux ouvrage de rationalisation qui fut mis en marche en 1932.
Même si la beauté monumentale des installations extérieures de «Zeche Zollverein» était autrefois déjà saisissable: qui aurait gaspillé ne serait-ce qu'une seule pensée à cet ensemble aux formes cubiques, tout aussi fonctionnel que beau et sobre, que les deux architectes Fritz Schupp et Martin Kremmer avaient érigé à la gloire de la mine, qui aurait eu un seul regard pour les éléments empruntés du Bauhaus et l'harmonie des formes jusque dans le moindre détail? Le colosse noir de suie de l'industrie de pierre et d'acier: c'est lui qui donnait à des milliers de personnes

Im einstigen „Land der 1000 Feuer“ recken sich der alte Förderturm von Zeche Zollverein und die gigantische Kohlenwäsche mit ihren Bandbrücken wie Phönix aus der Asche. Welche architektonische Schönheit das Gebäude-Ensemble birgt, entdeckten viele erst mit der Stilllegung der Schachtanlage 1986, als der infernalische Lärm und permanente Dreck endgültig passé waren.

In the erstwhile “land of 1,000 fires” the old pithead frame of the Zollverein colliery and the gigantic coal-washing area with its conveyor belts rise like a phoenix from the ashes. Many people only discovered the ensemble’s architectural beauty when the colliery was shut down in 1986 and the infernal noise and constant dirt finally came to an end.

Dans le «pays des mille feux» d’autrefois, l’ancien chevalement de la mine Zollverein et la gigantesque laverie de charbon avec ses estacades pour transporteurs à courroie se dressent comme Phénix renaissant des cendres. Nombreux sont ceux qui ne découvrirent la beauté architectonique de cet ensemble de bâtiments qu’après la fermeture de la mine en 1986, lorsque le bruit infernal et la poussière permanente firent définitivement partie du passé.

ner Metamorphose in den blauen Himmel über Zollverein.
Es war, rückblickend gesehen, ein mühsames Vorhaben: Denn stärker noch als das Bedürfnis, bauliche Überbleibsel der eigenen Bergbaugeschichte ins 21. Jahrhundert hinüberzuretten, war in Essen über viele Jahre der Wunsch ausgeprägt, das Kohlenpott-Image samt seiner hartnäckig haftenden Schmiere aus Schweiß und Kohlenstaub loszuwerden.
Von Kohle wurde mitunter geredet, als gelte es, Gras über eine Jugendsünde wachsen zu lassen. Motto: Wir waren jung, wir brauchten das Geld. „Strukturwandel!", riefen Politiker wie Wirtschaftsförderer stattdessen, zückten eifrig die jüngsten Wirtschafts-Statistiken der Stadt und wurden nicht müde zu betonen, dass diese Stadt sich, bitte schön, seit Langem „den Ruß aus dem Gesicht gewischt hat".
Heute neigen die Essener fast schon dazu, sich zu dekorativen Zwecken ein bisschen vom Ruß vergangener Zeiten ins Gesicht zu schmieren. Reminiszenz an eine Industrie, die diese Stadt und diese Region groß gemacht hat. Die alte Scham ist einem unverkennbaren Stolz auf eine bewegte industrielle Vergangenheit gewichen, und dass dies so ist, hat viel mit der Ausdauer mancher Städtebau-Experten zu tun, die als stadtplanerische „Schmetterlingsforscher" die Chancen für eine wundersame Verwandlung des 100-Hektar-Areals von Zollverein voraussahen. Und natürlich mit jenem Dezembertag des Jahres 2001, als die Industrielandschaft Zollverein von der UNESCO zum Weltkulturerbe erhoben wurde – 150 Jahre nachdem auf Zollverein zum ersten Mal Kohle gefördert worden war.
Dass heute dennoch die Hälfte des Stadtgebiets mit Feldern, Wäldern und Gewässern bedeckt ist, grenzt an ein Wunder. Wer sie durchschreiten, durchwandern oder durchrudern will, braucht Lungen wie ein Grubenpferd:

Looking back, it was a laborious project. Even more strongly than the need to preserve architectural remains of its mining history into the twenty-first century, for many years Essen had felt a marked desire to shed its coal-mining image and the stubborn smears of sweat and coal dust that clung to it.
People sometimes talked about coal as if the point were to let the grass grow over a youthful misdemeanour, along the lines of "We were young, we needed the money." Instead, politicians and business development experts cried, "Structural change!" Zealously producing the city's most recent business statistics, they never tired of emphasising that Essen, if you please, had long since "wiped the soot from its face."
Now, Esseners are almost inclined to smear a little of the soot of yesteryear on their faces for decoration, in reminiscence of an industry that made this city and this region great. The old feeling of shame has given way to an unmistakable pride in an eventful industrial past. That has a lot to do with the persistence of some urban development experts who, researching into town-planning "butterflies," foresaw the opportunities for a wondrous transformation of the 100-hectare Zollverein site. Of course, it is also connected with that December day in 2001 when UNESCO added the Zollverein industrial landscape to its list of world heritage sites, 150 years after coal was first mined there.
That half the municipal area is now covered in fields, woods and water is nigh on a miracle. Anyone planning to walk, hike or row across them needs the lungs of a pit pony. More than 520 kilometres of paths wend their way from Karnap in the north, which is 170

du travail et du pain et c'est cela qui comptait. Et ce n'est qu'après que le couvercle eut été posé sur le puits le 23 décembre 1986, après qu'eurent été exploitées plus de 210 millions de tonnes de charbon, que les rêves de sa métamorphose montèrent dans le ciel bleu qui surplombe la mine Zollverein.
Ce fut, rétrospectivement, un projet bien difficile: car, à Essen, l'envie de se débarrasser de cette image de la mine à laquelle adhère un filtre luisant de sueur et de poussière de charbon fut pendant des années plus forte que le besoin de sauvegarder pour le XXIe siècle ce qu'il restait des constructions de leur propre histoire minière.
Le charbon était parfois mentionné comme s'il s'agissait de passer l'éponge sur un péché de jeunesse. Selon la devise: nous étions jeunes, avions besoin d'argent. Hommes politiques et promoteurs de l'économie criaient «mutation structurelle!», brandissaient avec empressement les dernières statistiques économiques de la ville et ne se lassaient pas d'affirmer que cette ville, mais bien sûr, s'était depuis longtemps «effacée la suie du visage».
Les habitants d'Essen ont aujourd'hui presque déjà tendance à s'étaler sur le visage, par coquetterie, un peu de cette suie des temps passés. Réminiscences d'une industrie qui fit grandir cette ville et cette région. L'ancienne honte a fait place à une fierté indéniable d'avoir un passé industriel mouvementé et, qu'il en soit ainsi, est dû pour une grande part à la persévérance de certains experts en urbanisme qui, tels des «chercheurs de papillons urbanistes», ont su pressentir les potentialités d'une merveilleuse transformation du site de 100 hectares de la mine Zollverein. Et bien sûr à cette journée de décembre de l'année 2001 lorsque le paysage industriel de Zollverein fut classé par l'Unesco au patrimoine culturel de l'humanité – 150 ans après la première extraction de charbon dans cette mine.
Que la moitié du territoire de la ville soit recouvert aujourd'hui de champs, de forêts et de plans d'eau, frôle le mi-

Vom Ort für Malocher zum Hort der Kunst: Die Künstler Dirk Paschke und Daniel Milohnic sorgten im Schatten der Kokerei mit einem aus Überseecontainern gefertigten „Werksschwimmbad" für Furore.
Vom Kesselhaus der Zeche zum Designzentrum: Die ständige Internationale Designausstellung, die seit 1997 im ehemaligen Kesselhaus gezeigt wird, ist eine der weltweit größten Ausstellungen zeitgenössischen Designs.

From a place of hard grind to a sanctuary for art: Artists Dirk Paschke and Daniel Milohnic caused a stir in the shadow of the coking-plant with a "works swimming pool" made from ocean-going containers.
From coalmine boiler-house to design centre: IDA, the permanent international design exhibition that has been on show since 1997 in this former boiler-house, is the world's largest exhibition of contemporary design.

D'un lieu de dur labeur à un centre de l'art: les artistes Dirk Paschke et Daniel Milohnic ont fait sensation en créant, à l'ombre de la cokerie, une «piscine d'usine» faite de conteneurs pour le transport outre-mer.
De la salle des chaudières au centre de design: l'Exposition permanente de Design International (IDA), présentée depuis 1997 dans l'ancienne salle des chaudières, est l'une des plus grandes expositions de design contemporain du monde entier.

Wenn es Nacht wird an der Koksofenbatterie: Die Industriekulisse der Zeche Zollverein mit ihrem morbiden Charme, Dreckschleuder von gestern, badet heute in farbigem Licht und lockt so Gäste von weit her zu einem Rundgang über das Areal, das sich zu einem Zentrum der Kunst und des Designs mausern soll.

Night falls on the coke-oven battery: The industrial backdrop of Zollverein pit with its moribund charm, polluter of yesteryear, is now bathed in colourful light, attracting visitors from far and wide to tour an area that is planned to blossom into a centre of art and design.

Lorsqu'il fait nuit sur la batterie de four à coke: le décor industriel de la mine Zollverein avec son charme morbide, fauteur de pollution d'hier, baigne aujourd'hui dans une lumière colorée et incite ainsi des visiteurs venus de loin à découvrir ce site qui doit se transformer en un centre de l'art et du design.

Über 520 Kilometer winden sich die Wanderwege von Karnap im Norden, das 170 Meter tiefer als Heidhausen tief im Süden liegt, von den Ausläufern der Münsterländer Bucht bis zum Nordrand des Rheinischen Schiefergebirges.
Seit 1975 wird der Norden kräftig aufgeforstet: Die „Grüne 14" hieß das Vorhaben zunächst und wurde zum Programm für 60 neue Grünanlagen. Heute bahnen Stadt und Emschergenossenschaft mit viel Aufwand und noch mehr Geld „neue Wege zum Wasser". Und dann gibt's noch die beiden Klassiker: Den Grugapark, 1929 als Große Ruhrländische Gartenausstellung geboren, und den Baldeneysee, kurz danach von 100 000 arbeitslosen Essenern mit der Schüppe in die Landschaft gegraben, heute das Zentrum der Bewegung: Sie fahren Rad, sie joggen, sie skaten. Und das Wasser des neun Kilometer langen Sees wird täglich von Hunderten Kielen geteilt. Es wird gesegelt, gepaddelt, gerudert. Nach Fahrplan schieben sich dazu die Ausflugsschiffe der „Weißen Flotte" durchs Freizeittreiben. Die Stadt entspannt sich.
Auch die Architektur Essens wurde früher von den Interessen der Herren über Kohle und Stahl bestimmt. Gebaut wurde, was nützlich war. Die Silhouette der Stadt zeigte über Jahrhunderte mehr Kamine als Kirchtürme. Das heutige Stadtbild aber wurde von Bomben geprägt. Wie in vielen deutschen Großstädten, nur selten so massiv wie in Essen: Bei 272 Luftangriffen fielen 32 511 Spreng- und 1 401 957 Brandbomben. 90 Prozent der Innenstadt waren zerstört, 60 Prozent der umliegenden Vorstädte. 62 000 Wohnungen gab es nicht mehr. Noch bis in die 1970er Jahre waren vereinzelt die Lücken in der Bebauung zu sehen. Nur das Rathaus hatte die Luftangriffe halbwegs überstanden. Es wurde in den 1960ern einem Kaufhaus geopfert. Noch heute geraten alte

metres lower in altitude than Heidhausen in the far south, and from the foothills of the Münsterland bight to the northern edge of the Rhenish slate mountains.
Since 1975, the north has been energetically reforested. What started out as the Grüne 14 (Green 14) expanded into a project for 60 new parks and green spaces. Today, the city and the Emschergenossenschaft, a water association, pave "new ways to the water" with great efforts and even more money. In addition, Essen has two traditional parks, the Grugapark, which has its origins in the the great Ruhr region garden show (Gruga) of 1929, and the Baldeneysee, which 100,000 unemployed Esseners carved out of the landscape with spades not long afterwards. Now, this man-made lake nine kilometres long is a haunt for cyclists, joggers and skaters, while hundreds of yachts, rowing boats, canoes and kayaks share its waters every day. Meanwhile, scheduled "White Fleet" pleasure steamers forge a path through these leisure activities. The city is at play.
In the past, Essen's architecture was also determined by the interests of coal and steel magnates. They built what they had a use for. For centuries there were more smokestacks than church spires on the city skyline. The present cityscape, however, like that of many German cities, was shaped by World War II bombs. Few places were bombed as heavily as Essen, where 32,511 high-explosive bombs and 1,401,957 incendiary bombs were dropped in 272 air raids. They destroyed 90 per cent of the city centre and 60 per cent of the surrounding suburbs, and destroyed 62,000 homes. Empty bomb sites could still be seen between buildings right into the 1970s. The city hall survived

racle. Celui qui veut le traverser, à pied ou à la rame, doit avoir les poumons d'un cheval de mine: plus de 520 kilomètres de sentiers de randonnée vont serpentant de Karnap au nord à Heidhausen tout au sud, avec une dénivellation de 170 mètres, des contreforts du bassin de Münster au bord nord du massif schisteux rhénan.
Le nord a été fortement reboisé depuis 1975: ce projet portait au départ le nom de «Grüne 14» mais s'est transformé depuis longtemps en un programme de création de 60 espaces verts. Aujourd'hui la ville et l'Emschergenossenschaft, une association économique de l'eau, frayent des chemins nouveaux vers l'eau au prix d'un effort intense et des grandes dépenses. Et puis il y a encore les deux classiques: le Grugapark, créé en 1929 avec la Grande Exposition horticole de la Ruhr, et le lac de Baldeney (Baldeneysee) creusé peu après dans le paysage, à la pelle, par 100 000 habitants d'Essen au chômage, aujourd'hui un centre du mouvement où l'on fait de la bicyclette, du jogging, du skating. Et les eaux de ce lac long de neuf kilomètres sont partagées chaque jour par des centaines de quilles. On s'y déplace à la voile, à la rame, à la pagaie. Les bateaux de la «Flotte Blanche» s'y fraient un chemin, au gré des horaires, au milieu des activités de loisirs. La ville se relaxe.
L'architecture de la ville d'Essen était elle aussi déterminée par les intérêts des capitaines du charbon et de l'acier. Ils construisaient ce qui était utile. La silhouette de la ville a eu pendant des siècles plus de cheminées que de clochers d'église. Mais la physionomie actuelle de la ville porte la marque des bombes, comme dans beaucoup d'autres grandes villes de l'Allemagne, mais rarement dans une telle ampleur. 32 511 bombes explosives et 1 401 957 bombes incendiaires tombèrent au cours de 272 attaques aériennes. 90 pour cent du centre-ville fut détruit, 60 pour cent des banlieues avoisinantes. 62 000 appartements ont disparu. On trouvait encore parfois dans les années 70 des terrains vides qui n'avaient pas été reconstruits.

Der Grugapark, die „grüne Lunge" der Stadt, bietet den Essenern unweit der City die Möglichkeit zur Naherholung. Der Baldeneysee (rechts) ist Refugium und Wettkampfstätte für Wassersportler. Für die Zuschauer gibt's am Regattaturm eine Tribüne, die zum Gucken und Verschnaufen einlädt.

Grugapark, the city's "green lung," offers Essen residents a recreation facility not far from the city centre. The Baldeneysee (right) is a refuge and competition venue for water-sports enthusiasts. The Regatta Tower has a grandstand that beckons spectators to take a break as they watch.

Le Grugapark, «poumon vert» de la ville, est pour les habitants d'Essen un lieu de détente et de loisirs non loin du cœur de la ville. Le lac de Baldeney (à droite) est refuge et lieu de compétition des amateurs de sports nautiques. Dans la «tour des régates», une tribune invite les spectateurs à faire une halte.

Blick über das Ruhrtal zwischen Kettwig und Werden: So grün, so landschaftlich geprägt erleben die Essener den Süden ihrer Stadt. Doch mit großem finanziellem Aufwand hat auch der Norden mittlerweile mächtig aufgeholt und lädt auf zahlreichen Grünflächen zur Erholung.

A view of the Ruhr Valley between Kettwig and Werden: An example of the green, natural setting that Essen residents can enjoy in the south of their city. However, with the help of generous expenditure the north has gone a long way toward catching up. Now, it too has numerous open spaces beckoning people to rest and relax.

Vue sur la vallée de la Ruhr entre Kettwig et Werden: c'est un paysage très vert et très rural qui, au sud de la ville d'Essen s'offre à la vue de ses habitants. Mais le nord a – grâce à d'importants moyens financiers – rattrapé son retard et nombreux sont les espaces verts qui invitent à la détente.

Wo die Ruhr zur Ruhe kommt. Malerisch liegt der Baldeneysee in den weitläufigen Wäldern des Essener Südens. Zwischen 1931 und 1933 wurde der See von 100 000 Arbeitslosen mit Hacke und Spaten ausgehoben und als Wasserreservoir gestaut. Heute sind die 14,7 Kilometer Rundweg um den See Ziel für Spaziergänger, Jogger, Inline-Skater und Radfahrer.

Where the Ruhr comes to rest. The Baldeneysee lies in a picturesque setting amid the extensive woods of southern Essen. The lake was excavated between 1931 and 1933 by 100,000 unemployed people wielding picks and spades and dammed to make a reservoir. Now the 14.7-kilometre circular trail round the lake is a destination for ramblers, joggers, inline skaters and cyclists.

Là où la Ruhr se repose. Le lac de Baldeney s'étend dans un paysage pittoresque au cœur des grandes forêts du sud d'Essen. Creusé entre 1931 et 1933, à la bêche et à la pioche, par 100 000 chômeurs, le lac servait de réservoir d'eau. Le parcours long de 14,7 kilomètres tout autour du lac est aujourd'hui un but pour les promeneurs et les passionnés de jogging, de roller skating et de bicyclette.

Essener über diese Sünde ins Schäumen. Zumal das neue Rathaus, 1979 mit 60 000 Kubikmeter Beton und über 3000 Fenstern auf über 100 Meter Höhe gebaut, zunächst nicht die ganz große Liebe der Essener wird. Immerhin, von oben bietet sich ein faszinierender Rundblick auf die Stadt.
Andere Neubauten kamen besser an. Die Grugahalle etwa, wegen ihres Äußeren auch die Schmetterlingshalle genannt, war in den 1970er und 1980er Jahren die Heimat des „Rockpalastes", erreichte so internationale Bekanntheit. Und das Aalto-Theater, 1988 nach den Plänen des finnischen Architekten Alvar Aalto gebaut, gilt als Perle der Stadt. Es steht aber auch in einer schönen Tradition: Denn das erste Stadttheater des Reviers feierte in Essen Premiere, 1892 war das. Heute wird es als Schauspielhaus genutzt. Benannt nach Friedrich Grillo, der es gespendet hat – natürlich ein Industrieller.
Hinzu kommt eine lebendige Alternativ-Szene, die in der Zeche Carl als einem der ersten soziokulturellen Zentren der Republik eine Heimstatt fand und nicht nur viele Indie-Bands und freie Theater, sondern auch zahlreiche Comedy-Stars hervorgebracht hat. Sich selbst auf die Schippe zu nehmen, ist nämlich für Ruhrgebietstypen eine der leichteren Übungen.
Manche kulturelle Einrichtung, das Plakat-Museum etwa, blühte in Essen bislang eher im Verborgenen, andere Sammlungen finden ein zu Hunderttausenden zählendes Publikum. Wie etwa das Museum Folkwang mit seiner erlesenen Sammlung von Kunstwerken aus dem 19. und 20. Jahrhundert und Ausstellungsereignissen von van Gogh bis Gauguin, von Hopper bis Munch.

the bombing in reasonable shape but was sacrificed for a department store in the 1960s. This outrage still has old-established Esseners foaming at the mouth, especially as the new city hall, which was built in 1979 with 60,000 cubic metres of concrete and 3,000-plus windows and towers more than 100 metres into the sky, was not an immediate favourite with the locals. At least you have a great panoramic view of the city from the top of the building.
Other new buildings were given a warmer reception. One was the Grugahalle, whose appearance earned it the nickname "Schmetterlingshalle" (Butterfly Hall). In the 1970s and 1980s, it had an international reputation as the home of the Rockpalast late-night rock music show. The Aalto Theater designed by Finnish architect Alvar Aalto and built in 1988 is regarded as the city's showpiece. It followed in a fine tradition that began in 1892 when the Ruhr region's first municipal theatre was opened in Essen. Now used as a playhouse, it is named after its donor, Friedrich Grillo. He was an industrialist, of course.
In addition, Essen has a lively alternative scene. It found a home in the Carl colliery, one of Germany's first sociocultural centres. In addition to many independent bands and private theatres, it has given birth to numerous comedy stars. Making fun of themselves is one of the easier exercises for people from the Ruhr.
Some cultural establishments such as the poster museum tended to thrive out of the public eye so far, while other collections attract hundreds of thousands of paying visitors. One of these is the Folkwang Museum with its choice collection of nineteenth and twentieth century works of art and one-off exhibitions of artists from van Gogh to Gauguin and from Hopper to Munch.

Seul l'hôtel de ville a survécu en partie aux attaques aériennes. Il a été sacrifié dans les années 60 pour faire place à un grand magasin. Les anciens habitants de la ville ragent encore aujourd'hui lorsqu'ils pensent à cette monstruosité. D'autant plus que le nouvel hôtel de ville, construit en 1979 sur une hauteur de 100 mètres avec 60 000 mètres cubes de béton et plus de 3000 fenêtres, n'enthousiasma pas tout de suite les habitants de la ville. On a quand même, en haut, une belle vue panoramique sur la ville.
D'autres constructions nouvelles furent mieux accueillies. La Grugahalle par exemple, appelée salle papillon en raison de sa forme, accueillit dans les années 70 et 80 l'émission de télévision «Rockpalast» (le palais de rock) et connut ainsi une notoriété internationale. L'opéra Aalto, édifié en 1988 selon les plans de l'architecte finlandais Alvar Aalto, est considéré comme le joyau de la ville. Il faut dire qu'il a aussi une belle tradition: car le premier théâtre municipal du bassin de la Ruhr a fêté sa première à Essen; c'était en 1892. Il sert aujourd'hui de théâtre. Il porte le nom de Friedrich Grillo, personne qui en fit don à la ville. C'était bien sûr un industriel.
A cela vient s'ajouter un ensemble de spectacles off très vivants qui a trouvé une structure d'accueil dans la mine Carl, l'un des premiers centres socioculturels de la république et a donné naissance non seulement à de nombreux groupes indie et des groupes de théâtre non subventionnés mais aussi à un grand nombre d'humoristes. Pour ceux qui sont issus du bassin de la Ruhr, se moquer de soi-même est en effet un exercice facile.
Certaines institutions culturelles, comme par exemple le musée de l'Affiche, jusqu'alors se sont épanoui plutôt dans l'ombre, d'autres collections ont un public que l'on compte par milliers. C'est le cas par exemple du musée Folkwang avec sa remarquable collection de chefs-d'œuvre des XIXe et XXe siècles et des expositions temporaires allant de van Gogh à Gauguin, de Hopper à Munch.

Sein Grillo-Theater, das erste Stadttheater des Ruhrgebiets (1892 eröffnet), verdankt Essen der großzügigen Spende des Industriellen Friedrich Grillo. Dieses Kino (rechts) ist eine echte Schau: Essens Lichtburg, vor ein paar Jahren mit großem Aufwand renoviert, bietet Filmfans Kinogenuss im aufpolierten Stil der 1950er Jahre ohne den bei Multiplexen oft üblichen Kaufhaus-Charme.

Essen owes the first municipal theatre in the Ruhr, the Grillo Theatre (opened in 1892) to a generous donation from industrialist Friedrich Grillo.
This cinema (right) is a real eye-catcher. Essen's Lichtburg, refurbished at great expense a few years ago, offers cinema lovers screen delights in the lavish style of the 1950s as opposed to what is often the department store charm of multiplex cinemas.

Essen doit le premier théâtre municipal du bassin de la Ruhr, le théâtre Grillo (inauguré en 1892) au don généreux de l'industriel Friedrich Grillo. Ce cinéma (à droite) est une véritable attraction: La «Lichtburg» de Essen, rénovée à grand frais il y a quelques années dans le style repoli des années 1950 et sans le «charme grand magasin» caractéristique des salles multiplex, réserve aux cinéphiles un véritable plaisir.

Das Museum Folkwang galt selbst internationalen Ausstellungsmachern als „das schönste Museum der Welt", ehe die Nationalsozialisten die Sammlung 1937 zerstörten. Mit einem im Frühjahr 2010 eröffneten Neubau des englischen Stararchitekten David Chipperfield knüpft das Museum an den alten Glanz an, möglich gemacht durch ein 55-Millionen-Euro-Geschenk der Krupp-Stiftung.

The Folkwang Museum was rated "the world's finest museum" even by international curators before the Nazis destroyed the collection in 1937. In a new building designed by British star architect David Chipperfield and opened in spring 2010 the museum aims to regain its old glory – with the aid of a €55 million grant from the Krupp Foundation.

Le Musée Folkwang était aux yeux des organisateurs internationaux d'expositions «le plus beau musée du monde» avant que les nationaux-socialistes ne détruisent la collection, en 1937. En inaugurant au printemps 2010 un nouveau bâtiment conçu par David Chipperfield, architecte vedette anglais, le musée renoue avec son prestigieux passé, grâce à un don de 55 millions d'euros fait par la Fondation Krupp.

Museum Folkwang

Was für ein Theater: Vom finnischen Architekten Alvar Aalto entworfen und 1988 eingeweiht, ist das auffallende Bauwerk – wie auch seine einstigen Kritiker längst einräumen – nicht mehr aus dem Stadtbild wegzudenken. Die Inszenierungen haben seitdem Maßstäbe gesetzt, der Ruf der Essener Philharmoniker reicht weit über die Landesgrenzen hinaus.

What a theatre! Even erstwhile critics have long conceded that it is impossible to imagine the cityscape without this striking building, designed by Finnish architect Alvar Aalto and opened officially in 1988. Its productions have set standards, and the Essen Philharmonic Orchestra's reputation extends far beyond the state borders.

Quel théâtre: conçu par l'architecte finlandais Alvar Aalto et inauguré en 1988, ce bâtiment remarquable – ce que ses détracteurs d'autrefois admettent depuis longtemps – fait partie intégrante de la ville. Ses mises en scène sont des références, la réputation de l'orchestre philharmonique va bien au-delà des frontières du pays.

Was Krupp in Essen …

Mit kniehohen Stiefeln steht er da, die Brust vor Wichtigkeit so stolzgeschwellt, dass der nur ganz oben zugeknöpfte Gehrock spannt. Die linke Hand zerknautscht seinen Hut in der Taille, die Rechte ruht mit gekrümmtem Zeigefinger auf einem Amboss, und der strenge Blick sucht die Herausforderung am Horizont. Das heißt: Viel Weitblick war diesem bronzenen Alfred Krupp lange Zeit nicht beschieden, die Ausschau endete bis vor einigen Jahren ein paar Meter weiter am Eingang einer Apotheke. Nach einigem Hin und Her wurde ein neuer Platz gefunden, und wer will, mag daraus ableiten, wie schwer sich Essen tat und manchmal immer noch tut, mit diesem Namen, diesem Konzern, dieser Dynastie, diesem Mythos, der die Stadt über lange Zeit in den Schatten stellte. Und der heute selbst für viele Essener nicht viel mehr bedeutet als eine ganz normale Firma: Krupp.
Nicht dass Krupp aus dem öffentlichen Leben getilgt wäre, ganz im Gegenteil: Wer mit offenen Augen durch Essen geht, stößt an allen Ecken und Enden auf die Spuren einer ganzen Epoche, in der Krupp hier allgegenwärtig war. Und die sich am besten in jenem guten alten Stammtischspruch widerspiegelt, mit dem trinkfeste Zeitgenossen auch jenseits der Stadtgrenzen das Ausmaß feuchtfröhlicher Abende beschrieben: „Was Krupp in Essen, sind wir im Trinken" – die Größten halt.
Rund 120 000 Mitarbeiter zählte das 1811 mit einer kleinen Fabrik gestartete

What Krupp is to Essen …

There he stands in knee-high boots, his chest so swollen with pride that his top-buttoned frock-coat is too tight. His left hand clasps his hat to his waist, his right rests with bent index finger on an anvil, while his stern gaze seeks challenges on the horizon. However, this bronze statue of Alfred Krupp wasn't given a great deal of space for vision. His view ended for a long time a few metres in front of him in a chemist's shop doorway.
After some discussion a new site was found for the statue, and those who try may be able to deduce what heavy weather Essen made, and sometimes still does, of being equated with this name, this corporation, this dynasty, this myth that put the city in the shade for so many years. Now, even for many locals, the name Krupp signifies little more than a perfectly ordinary company.
Krupp has not been eradicated from public life, however. On the contrary, anyone walking through Essen with their eyes open will at every turn come across traces of an entire epoch when Krupp was omnipresent here. This era is best reflected in the old saying that hard-drinking individuals even beyond the city's boundaries use to describe a good night's boozing: "What Krupp is to Essen, we are to drinking," in other words, the greatest. To appreciate the pun, you need to know that "essen" in German also means "eating."
At the height of its expansion the world's largest iron and steel corporation, which started out in 1811 with one small factory, had roughly 120,000 employees. It was an economic power, but also a political one. The Kaiser often came to stay. Postcards relayed greetings from "Kanonenstadt Essen" (Essen, City

Krupp à Essen …

Il est là, les bottes jusqu'aux genoux, le torse si gonflé par l'orgueil que sa redingote boutonnée par les seuls boutons du haut tire sur la poitrine. La main gauche chiffonne son chapeau à hauteur de taille, la droite repose sur une enclume, l'index replié, le regard sévère cherchant le défi à l'horizon. Cela signifie: il n'a pas été donné à cet Alfred Krupp de bronze une grande clairvoyance, sa vision prenant fin quelques mètres plus loin, à l'entrée de la pharmacie.
Après quelques tergiversations une nouvelle place fut trouvée et qui le veut, peut en conclure que la ville d'Essen avait et a encore parfois bien du mal à vivre avec ce nom, ce groupe industriel, cette dynastie, ce mythe qui a longtemps porté ombrage à la ville. Et qui aujourd'hui, même pour nombre d'habitants d'Essen, ne signifie pas beaucoup plus qu'une entreprise très normale: Krupp.
Non pas que Krupp ait été effacé de la vie publique, bien au contraire: celui qui en traversant la ville ouvre l'œil et le bon, rencontre un peu partout les traces de toute une époque dans laquelle Krupp était omniprésent. Et que l'on retrouve très bien dans cette bonne vieille formule qu'utilisent ceux de nos compatriotes tenant bien l'alcool, même en dehors des frontières de la ville, pour décrire leurs soirées tant joyeuses qu'arrosées: «ce que Krupp est à Essen, nous le sommes à la boisson» – les plus grands, sans aucun doute (Essen signifie également an allemand «manger»).
La plus grande entreprise mondiale de fabrication du fer et de l'acier, en 1811 une petite usine, employait au summum de son expansion quelque 120 000 personnes. Une grande puissance économique et également une force politique. L'empereur en était souvent l'invité, les cartes postales envoyaient le bonjour «d'Essen, la ville des canons» et par la suite de l'armurerie de l'empire. Les noms de marque de

Noch heute ist dieser Ort im Essener Stadtbild erhalten: der Eingang zur „Krupp-Stadt“ am Berliner Platz.
Konzernherr Alfred Krupp um 1860 mit Frau Bertha und Sohn Friedrich Alfred, der 1887 sein Nachfolger wird (rechts).

This area is still to be found in the cityscape. It is the entrance to “Krupp-Stadt” on Berliner Platz.
Alfred Krupp in about 1860 with his wife Bertha and son Friedrich Alfred, who succeeded his father in 1887 (right).

Ce site a pu être préservé jusqu'à nos jours: l'entrée de la «Ville Krupp» sur la Berliner Platz.
Alfred Krupp vers 1860, sa femme Bertha et son fils Friedrich Alfred, qui devint son successeur en 1887 (à droite).

größte Eisen und Stahl erzeugende Unternehmen der Welt auf dem Höhepunkt seiner Expansion. Eine wirtschaftliche Großmacht und eine politische dazu. Der Kaiser war hier oft zu Gast, auf Postkarten grüßte man aus der „Kanonenstadt Essen" und später aus der Waffenschmiede des Reiches.
Kruppsche Markennamen eroberten die Welt: Widia etwa, ein Metallwerkstoff, hart „wie Diamant", oder der nicht rostende Stahl, Nirosta, der auch dem Chrysler Building in Manhattan die Spitze verlieh. Und das pulsierende Herz des Ganzen lag hier: eine Stadt in der Stadt, an deren Eingang, dem heutigen Berliner Platz, die Statue Alfred Krupps Wacht hielt.
Heute würde er vom gleichen Standort auf die Agentur für Arbeit schauen, auf ein Rotlichtviertel bescheidenster Ausdehnung und die Universität im einstigen Nachtjackenviertel Segeroth. Der Eingang zur Kruppstadt, die sich nördlich und südlich der Altendorfer Straße erstreckte, ist gleichwohl erhalten geblieben: mit der einstigen 8. Mechanischen Werkstatt, die sich in das Musicaltheater Colosseum verwandelte, mit dem ehemaligen Press- und Hammerwerk, das mittlerweile als Parkhaus-Hülle fürs Ikea-Möbelhaus gegenüber dient. Und mit der Fußgängerbrücke zwischen den beiden liebevoll erhaltenen Backsteinbauten, über die einst die Werksbahn ratterte.
Wer auf den Spuren der Firma wie der Familie wandeln will, kann in Essen tagelang unterwegs sein. Auf geführten Routen der Industriekultur erleben auswärtige wie einheimische Gäste, was Krupp in dieser Stadt hinterlassen hat: zahlreiche Siedlungen etwa, wie die

of Guns) and later from the Reich armoury. Krupp trademarks conquered the world, names like Widia, a metal material as hard "as diamond," and Nirosta, the stainless steel that gave New York's Chrysler Building its spire. The pulsating heart of all this was in a city within a city at whose entrance, on what is now Berliner Platz, Alfred Krupp's statue stood guard.
From this vantage point he would now see the job centre, a very small red-light area and the university in the former red light district of Segeroth. Nonetheless, the entrance to Kruppstadt (Krupp town), which once stretched to the north and south of Altendorfer Strasse, has been preserved, along with the erstwhile No. 8 Mechanical Workshop, now transformed into the Colosseum musical theatre, the former pressing and hammer mill, now a car park for the Ikea furniture store opposite, and the footbridge linking two lovingly preserved brick buildings across which works trains used to clatter.
Yet anyone keen to trace the footsteps of the firm and the family can spend days walking round Essen. On guided industrial culture trails, visitors from Germany and elsewhere can experience what the Krupps bequeathed to this city. This includes numerous housing estates such as picturesque Margarethenhöhe, a perfect example of a garden city, Altenhof and Heimaterde, the old almshouses, the original Krupp factory, a former camp for forced labourers in Frohnhausen, the Krupp hospital and the family graves in Bredeney cemetery.
For most people, however, a visit to just one place suffices to imagine the spirit of Krupp and the family's former power and glory. It is the Villa Hügel, a magnificent 220-room mansion in a scenically unique position overlooking the Baldeneysee. The family of industrialists used it as a residence and a prestigious

Krupp faisaient la conquête du monde: Widia, par exemple, un matériau dur «comme le diamant», utilisé pour la technique industrielle des outils, ou Nirosta, l'acier qui ne rouille pas, qui fut aussi utilisé pour la flèche du Chrysler building à Manhattan. Et le cœur battant de tout cela se trouvait ici: une ville dans la ville à l'entrée de laquelle, sur l'actuelle Berliner Platz, la statue d'Alfred Krupp tenait la garde.
Il aurait aujourd'hui de cet endroit, vue sur les bureaux de l'Agence pour l'emploi, sur un quartier chaud de dimensions modestes et sur l'université. L'entrée de la ville de Krupp qui s'étend au nord et au sud de la rue «Altendorfer Straße» est néanmoins restée la même: avec l'ancien atelier mécanique VIII qui est devenu le théâtre de musical Colosseum, avec l'ancien atelier de presses à forger et de martelage qui sert maintenant d'enveloppe au parking du magasin Ikea situé en face. Et avec le pont pour piétons qui relie les bâtiments de brique rouge conservés avec soin sur lequel vibrait autrefois le train de l'usine.
Celui qui veut suivre la trace de l'entreprise comme de la famille, peut à Essen y passer des journées entières. Une visite guidée de cette culture de l'industrie permet aux invités étrangers et autochtones de découvrir ce que Krupp a légué à cette ville: de nombreuses cités ouvrières telle celle, pittoresque, de la Margarethenhöhe, exemple typique d'une cité-jardin, les cités de Altenhof et de Heimaterde, les anciens hospices, la maison mère de Krupp, un ancien camp de travailleurs forcés à Frohnhausen, l'hôpital Krupp ou bien les caveaux de famille au cimetière de Bredeney.
Il existe un endroit qui permet à lui seul, à la plupart des visiteurs, de s'imaginer ce qu'était l'esprit des Krupp, leur

Der Güte des von ihm hergestellten Stahls verdankte Alfred Krupp den Erfolg seines Gussstahlwerks. Foto um 1910. Früh übernahm Krupp das in England ab 1860 von Henry Bessemer entwickelte Verfahren zur Stahlerzeugung (rechts). In die Bessemer-, später auch Thomasbirne lässt man Roheisen einfließen. Es folgt der Blasvorgang, bei dem Gebläseluft für die Entkohlung des flüssigen Roheisens sorgt. Foto von 1934.

Alfred Krupp owed the quality of his steel to the success of his steel foundry, here seen in a photo taken in about 1910. Krupp was an early adopter of the steel manufacturing process developed by Henry Bessemer in England from 1860 (right). Crude iron is poured into the Bessemer, later Thomas, converter. Next comes the blow process in which air decarbonises the liquid crude oil. This photo was taken in 1934.

C'est à la qualité de l'acier fabriqué dans ses usines que Alfred Krupp a dû le succès de sa fonderie. Photo aux environs de 1910. Krupp reprit le procédé de production de l'acier (à droite) élaboré à partir de 1860 par Henry Bessemer. La fonte brute était coulée dans le convertisseur Bessemer, plus tard dans le convertisseur Thomas. S'en suivait le soufflage au cours duquel l'air de la soufflerie entraîne la décarburation de la fonte liquide. Photo datant de 1934.

Bei Krupps zu Hause. Die Villa Hügel wurde zwischen 1870 und 1873 auf den Ruhrhöhen errichtet. In dem 220-Zimmer-Bau, der nicht nur als Wohnsitz diente, waren auch Könige, Kaiser, Politiker und Regierungschefs zu Gast. Seit 1953 ist die Allgemeinheit zugelassen. Die Villa Hügel ist heute Ort wechselnder hochkarätiger Ausstellungen.

The Krupp home: Villa Hügel was built between 1870 and 1873 on hills overlooking the Ruhr. Kings, emperors, politicians and heads of government stayed in the 220-room building, which was more than just a residence. It has been open to the public since 1953. Today, Villa Hügel is a venue for high-class temporary exhibitions.

Chez les Krupp. La Villa Hügel a été construite entre 1870 et 1873 sur les hauteurs de la Ruhr. Cet édifice de 220 chambres, qui ne servait pas seulement de résidence, a reçu également des rois, des empereurs, des hommes politiques et des chefs de gouvernement. Il est ouvert au public depuis 1953. La Villa Hügel accueille de nos jours des expositions temporaires de très haut niveau.

malerische Margarethenhöhe als Paradebeispiel einer Gartenstadt, den Altenhof, die Heimaterde, die alten Pfründerhäuser, das Kruppsche Stammhaus, ein altes Zwangsarbeiterlager in Frohnhausen, das Krupp Krankenhaus oder die Familiengräber auf dem Bredeneyer Friedhof.
Den meisten aber reicht ein einziger Ort, um den Geist der Krupps, die alte Macht und Herrlichkeit zu erahnen. Es ist die Villa Hügel, ein 220-Zimmer-Prachtbau in landschaftlich einzigartiger Lage hoch überm Baldeneysee. Das Haus diente der Industriellenfamilie von 1873 bis 1945 als Wohnsitz und Repräsentationsort und beherbergt heute die Kulturstiftung Ruhr. Selbst Kaiser Wilhelm II. soll beim ersten Anblick des Baus beeindruckt gewesen sein.
Und doch: „Krupp ist nicht Essen, Krupp ist in Essen“, wie der einstige Oberbürgermeister Wilhelm Nieswandt trotzig vermeldete. Der Satz trifft heute mehr denn je zu. In der Krupp-Stadt von einst residiert nur noch ein einziger produzierender Betrieb, während ein paar hundert Meter weiter die neue Unternehmenszentrale im „Thyssen-Krupp-Quartier“ von einer neuen Ära des Weltkonzerns kündet. Kruppianer zu sein, war früher fast eine Auszeichnung. Nach den Verschmelzungen mit Hoesch (1992) und Thyssen (1999) verschwammen dagegen die Grenzen. Mit dem Namen Krupp verbindet sich jedoch bis auf Weiteres die segensreiche Arbeit der Krupp-Stiftung, die ohne allzu viel Aufhebens zahlreiche kulturelle und soziale Projekte möglich macht. Und der Essen den Neubau des Museums Folkwang verdankt – ein 55-Millionen-Euro-Geschenk des „letzten Krupp“, Stiftungschef und Ehrenbürger Berthold Beitz.

venue for formal occasions from 1873 until 1945. It now houses the Kulturstiftung Ruhr (Ruhr Cultural Foundation). Even Kaiser Wilhelm II is said to have been impressed on first seeing the building.
Yet "Krupp is not Essen, Krupp is in Essen," as the city's former mayor Wilhelm Nieswandt defiantly stated. This comment is more valid now than ever. In the Krupp city of yesteryear only one manufacturing company is still in business, whereas a few hundred metres away the new corporate headquarters at the Thyssen-Krupp-Quartier testifies to the international group's new era. It used almost to be a distinction to work for Krupp, but after mergers with Hoesch in 1992 and Thyssen in 1999 the boundaries became blurred. Until further notice, however, the name "Krupp" is associated with the charitable work of the Krupp Foundation, which without making a fuss about it sponsors numerous cultural and social projects that might otherwise not exist. Essen owes to it, for instance, the new Folkwang Museum, a €55 million gift donated by the "last Krupp," Berthold Beitz, head of the Krupp Foundation and freeman of the city.

ancienne puissance et leur grandeur. C'est la Villa Hügel, un bâtiment splendide composé de 220 pièces, dans un paysage exceptionnel, sur les hauteurs du lac de Baldeney. Cette maison a servi de 1873 à 1945 de demeure et de vitrine à cette famille d'industriels et abrite aujourd'hui la fondation culturelle de la Ruhr. L'empereur Guillaume II lui-même aurait été impressionné par cette construction lorsqu'il la vit pour la première fois.
Et pourtant: «Krupp n'est pas Essen, Krupp est à Essen», comme le déclarait avec défi l'ancien bourgmestre Wilhelm Nieswandt. Cette phrase est aujourd'hui plus juste que jamais. Une seule entreprise de production réside encore dans la «Ville Krupp», tandis qu'une centaine de mètres plus loin, l'actuelle centrale de l'entreprise, sise dans le «Quartier Thyssen-Krupp» inaugure une ère nouvelle de ce groupe international. Être un «Kruppianer», faire partie de Krupp, était presque autrefois une distinction. Ces frontières ont par contre disparu après la fusion de Krupp avec Hoesch (1992) et avec Thyssen (1999). Le nom «Krupp» entretient en même temps pour l'instant le travail bénéfique de la fondation Krupp qui, sans en faire grand cas, a permis de réaliser nombre de projets culturels et sociaux et à qui Essen doit la nouvelle annexe du Musée Folkwang – un don de 55 millions d'euros fait par le «dernier Krupp», Berthold Beitz, chef de la Fondation et citoyen d'honneur.

Keimzelle eines Weltkonzerns auf dem alten Werksgelände: Das Arbeitszimmer Alfred Krupps im sogenannten Stammhaus der Familie ist nach Anmeldung auch heute noch zu besichtigen. Nur einen Steinwurf weit entfernt entstand die neue Konzernzentrale des Weltkonzerns Thyssen-Krupp.

Nucleus of a global corporation: Alfred Krupp's study in the family's building in the factory grounds. It can still be viewed by appointment. Only a stone's throw away is the new corporate headquarters of the international Thyssen-Krupp Group.

Origine d'un groupe mondial: le bureau d'Alfred Krupp dans la «Stammhaus» sur le site de l'usine. On peut le visiter aujourd'hui encore après en avoir fait la demande. La nouvelle centrale du Konzern Thyssen-Krupp a vu le jour à deux pas de là.

12

Eine „Dichtung in Stein und Grün" wird sie genannt, die Margarethenhöhe im gleichnamigen Stadtteil. Architekt Georg Metzendorf errichtete die Siedlung im Stil einer englischen Gartenstadt. Gestiftet wurde sie von Margarethe Krupp anlässlich der Hochzeit ihrer Tochter Bertha mit Gustav von Bohlen und Halbach.

Margarethenhöhe in the district of the same name has been described as "poetry in stone and green." Architect Georg Metzendorf built the estate in the style of an English garden city. It was founded by Margarethe Krupp to mark the marriage of her daughter Bertha to Gustav von Bohlen und Halbach.

On la surnomme «poème de pierre et de verdure», la cité de la Margarethenhöhe située dans le quartier du même nom. Cette cité-jardin à l'anglaise est l'œuvre de l'architecte Georg Metzendorf. Elle fut offerte par Margarethe Krupp à l'occasion du mariage de sa fille Bertha avec Gustav von Bohlen und Halbach.

Stadt im Wandel

Wenn der Besucher einem Essener einen großen Gefallen tun möchte, dann sollte er möglichst folgenden Satz vermeiden: „Also ehrlich, so grün habe ich mir das aber gar nicht vorgestellt." Das können die Menschen hier nicht mehr hören, das nervt sie seit gut 30 Jahren. Noch etwas länger währt der Umbau der Stadt vom Kohle- und Stahlstandort zur Handelsmetropole und zum High-Tech-Zentrum. Und längst sind die Minderwertigkeitskomplexe der Essener einem kräftigen Selbstbewusstsein gewichen. Es stimmt schon, es gab Zeiten, da wurde dem Auswärtigen zuallererst gezeigt, dass Essen eine ganz normale Stadt ist, dass es eine Fußgängerzone gibt, dass es Wälder gibt, einen See. „Wie bei euch", sagten sie dann, „nichts Besonderes." Heute sind sie sich des Besonderen sehr wohl bewusst, ihrer Geschichte als Bewohner einer ehemaligen Malocherstadt, in der rund um die Uhr gearbeitet wurde. Sie führen ihren Besuch noch immer zum Baldeneysee, zur Villa Hügel, in die City, aber genauso stolz präsentieren sie ihm den Förderturm der Zeche Zollverein, das soziokulturelle Zentrum der Zeche Carl, das zum Musicaltheater umgebaute Eingangstor zur Kruppschen Gußhalle, die Siedlungen der Bergleute in Stoppenberg und Katernberg. „Hier ist mein Großvater unter Tage eingefahren, da vorne an der Trinkhalle hat er sich mit den Kumpeln auf ein Bier getroffen." Die Essener haben sich in ihrer Geschichte eingerichtet.

City in throes of change

Visitors to Essen can do local people a great favour by refraining from comments like, "Frankly, it's a lot greener than I'd imagined." Esseners are sick and tired of remarks of this kind that have bugged them for the last 30 years. They began soon after the city embarked on its transformation from a coal and steel metropolis into a commercial and high-tech centre. Any feelings of inferiority gave way long ago to emphatic self-confidence. True, there was a time when Esseners were very keen to prove to outsiders that theirs was a perfectly normal city, complete with a pedestrian precinct, woods and a lake. "Just like where you live," they used to say, "nothing special." Now, they are very aware of what makes Essen special, of their history as residents of a former industrial metropolis where work never stopped. They still take visitors to the Baldeneysee, the Villa Hügel and downtown Essen, but they are equally proud to show off the Zollverein coalmine winding-tower, the socio-cultural centre at the former Carl mine, the entrance to the Krupp casting shop, now a musical theatre, and the miners'

Ville en mutation

Celui qui se rend à Essen doit, s'il veut faire plaisir aux habitants de la ville, éviter à tout prix de prononcer la phrase suivante: «ça alors, je n'avais pas cru la ville si verte». C'est là une phrase qu'ils ne veulent plus entendre, qui les énerve depuis plus de 30 ans. La reconversion de la ville d'un centre du charbon et de l'acier en une métropole commerciale et un centre de la technologie de pointe a duré, elle, un peu plus longtemps. Et les complexes d'infériorité des habitants d'Essen ont, depuis longtemps déjà, fait place à un fort sentiment de leur propre valeur. C'est bien vrai, il fut un temps où l'on montrait tout d'abord, à celui qui venait de l'extérieur, qu'Essen est une ville très normale, qu'elle a une zone piétonnière, qu'elle a des forêts, un lac. «Comme chez vous», disaient-ils: «rien de spécial». Aujourd'hui ils sont tout à fait conscients de ce qu'il y a de particulier, de leur histoire d'ancienne ville de dur labeur où l'on travaillait 24 heures sur 24. Ils montrent toujours à leurs visiteurs le lac de Baldeney, la Villa Hügel, le centre de la ville mais sont tout aussi fiers de leur faire voir le chevalement de la mine Zollverein, le centre socioculturel de la mine Carl, le hall d'entrée de l'aciérie Krupp transformé en music-hall, les cités des mineurs à Stoppenberg et Katernberg. «C'est là que mon grand-père est descendu au fond; c'est ici, devant le café, qu'il retrouvait ses collègues pour boire une bière». Les habitants de la ville d'Essen se sont accommodés de leur histoire.
Les hommes se sont simplement habitués à être tolérants envers les étrangers. Certainement aussi parce que nombre d'entre eux ont leurs racines loin de ce pays, que leurs pères ou leurs grand-mères venaient eux-mêmes de l'étranger, par dizaines de milliers à la

Von der größten Bergbaustadt Europas zum „Schreibtisch des Reviers“: Essens Skyline dokumentiert den Wandel einer ganzen Region.
Mit seinen 200 Läden und 70 000 Quadratmetern Verkaufsfläche half das Einkaufszentrum Limbecker Platz (rechts), einen seit 1950 reklamierten Titel zu verteidigen: „Essen – die Einkaufsstadt“.

From Europe's largest mining city to "Desk of the Ruhr:" Essen's skyline documents the transformation of an entire region.
With its 200 shops and 70,000 square metres of sales floor space the Limbecker Platz shopping centre (right) has helped to defend a claim that Essen has made for itself since 1950: "Essen – The Shopping City."

De la plus grande ville minière de l'Europe au «bureau du bassin de la Ruhr»: la ligne d'horizon de la ville d'Essen documente le changement structurel de toute une région.
Avec ses 200 magasins et ses 70 000 mètres carrés de surface de vente, le centre commercial Limbecker Platz (à droite) a contribué à défendre le titre revendiqué depuis 1950: «Essen – métropole commerciale».

Und sie sind in Toleranz gegenüber Fremden geübt. Auch weil so viele selbst ihre familiären Wurzeln in der Ferne haben, ihre Väter oder Großmütter ebenfalls als Fremde kamen, zu Zehntausenden Ende des 19., Anfang des 20. Jahrhunderts, vor allem aus Ostpreußen, aus Schlesien, aus Polen. Die Leute mussten lernen, miteinander auszukommen. Auch bei der Arbeit am Hochofen oder im Bergwerk. Hier entstand die typische Sprache, die in Essen und den Nachbarstädten des Ruhrgebietes gesprochen wird. Basierend auf dem Plattdeutschen, in kurze Sätze zerhackt, geprägt durch die Bedürfnisse einer lauten Arbeitswelt, angereichert durch Anleihen bei anderen Sprachen, etwa „malochen" aus dem Jiddischen, die „Malessen" aus der Zeit französischer Besatzung. Natürlich weiß auch jeder Essener ohne polnische Vorfahren, wo der Mottek hängt, der Hammer. Später, nach dem Zweiten Weltkrieg, folgte eine zweite Einwanderungswelle. Die Gastarbeiter kamen aus Südeuropa, viele aus der Türkei. Heute sind knapp zehn Prozent der Einwohner Essens Ausländer.
Von oben auf die Stadt zu schauen, ist wohl das höchste der Gefühle. Nicht nur für die Essener, die zahlreich die regelmäßigen „Tage des offenen Turms" nutzen. Der 120 Meter hohe Glaszylinder des Energieriesen RWE versinnbildlicht geradezu das Bestreben, sich höher zu arbeiten, den Wunsch, die Konkurrenz zu überragen, das erhabene Gefühl, oben angekommen zu sein.
In Essen scheint dieses bauliche Streben himmelwärts bei Stadtvorderen wie Wirtschaftsförderern ausgeprägter zu

housing estates in Stoppenberg and Katernberg. "That's where my grandfather used to go down the pit, and that's the bar where he and his mates used to meet for a beer," they say. Essen people now feel comfortable with their history. They are used to showing tolerance toward strangers. That is partly because so many have their own family roots in distant parts. Their fathers or grandfathers came here as strangers, tens of thousands of them in the late nineteenth and early twentieth centuries, mainly from East Prussia, Silesia and Poland. People had to learn to get along with each other, not least at work in foundries and mines. That was the origin of the language typically spoken in Essen and neighbouring cities of the Ruhr. It is based on Low German, chopped up into short sentences, shaped by the needs of a noisy working environment, and enriched by loan words such as "malochen," to work or graft, which comes from Yiddish, or "Malessen," from the French "malaise," a relic of French occupation. Even Esseners without Polish ancestors know where the "mottek," or hammer, is kept. A second wave of immigration followed after World War II. Guest workers arrived from southern Europe, many from Turkey. Now, nearly ten per cent of Essen residents are foreign nationals.
Looking out from up onto the city below is a fantastic sensation, and not only for locals, many of whom take advantage of regular open days in the tower. The 120-metre-tall cylindrical glass office building of energy giant RWE symbolises perfectly the effort to work one's way up, the desire to tower above the competition, the elation of having reached the top.

fin du XIXe et au début du XXe siècle, pour une grande part de la Prusse-Orientale, de la Silésie et de la Pologne. Ces gens ont dû apprendre à vivre ensemble. Sur leur lieu de travail aussi, dans les haut-fourneaux et les mines. Une langue propre est née ici, parlée à Essen et dans les villes voisines du bassin de la Ruhr; basée sur le bas allemand, coupée en phrases courtes, marquée par les besoins d'un monde du travail bruyant, enrichie de mots empruntés à d'autres langues comme «malochen» qui vient du yiddish ou bien les «Malessen» du temps de l'occupation française. Et les habitants d'Essen savent bien sûr tous, même s'ils n'ont pas d'ancêtres polonais, où est accroché le «Mottek», le marteau. Plus tard, après la Seconde Guerre mondiale, il y eut une seconde vague d'immigration. Les immigrés venaient de l'Europe du Sud, nombre d'entre eux de la Turquie. Aujourd'hui, près de dix pour cent des habitants de la ville sont des étrangers.
Regarder la ville d'en haut est certainement une sensation des plus vertigineuses. Et pas seulement pour les habitants d'Essen qui sont nombreux à assister régulièrement aux «journées tour ouverte». Le cylindre de verre, haut de 120 mètres, du géant de l'énergie RWE symbolise, pour ainsi dire, l'aspiration à monter les échelons, le désir de dépasser la concurrence, le sentiment sublime d'être arriver en haut.

Die Stadt im Überblick: Hinter den bevölkerungsstarken Stadtteilen Frohnhausen und Holsterhausen, getrennt durch die A 40, erheben sich die Bauten der City. Ein Bürokomplex, das größte Multiplex-Kino Deutschlands und die mittlerweile von der reinen Musical- zur Veranstaltungshalle Colosseum umgebaute 8. Mechanische Werkstatt markieren den Eingang zur einstigen Krupp-Stadt (rechts).

An overview of the city: The city-centre buildings rise behind the densely populated districts of Frohnhausen and Holsterhausen, separated by the A 40 autobahn. An office complex, Germany's largest multiplex cinema and the No. 8 Mechanical Workshop, now converted from a musical theatre – the Colosseum – into an event venue, mark the entrance to what used to be Krupp City (right).

Vue d'ensemble sur la ville: derrière les quartiers très peuplés de Frohnhausen et d'Holsterhausen, séparés par l'autoroute A 40, se dressent les constructions du centre de la ville. Un complexe de bureaux, le plus grand cinéma multiplex d'Allemagne et le 8ème Atelier mécanique transformé entre-temps de salle de manifestations «Colosseum», marquent l'entrée de l'ancienne «Ville-Krupp» (à droite).

sein als anderswo. Vielleicht liegt das daran, dass diese Stadt ihren wirtschaftlichen Aufstieg einst bis zu 1200 Meter tief unter Tage begann – und nun quasi in einer Gegenbewegung dem Strukturwandel auch eine optische Note geben will. Jedenfalls verlässt kein Marketingprospekt mehr die Druckerei, bei dem nicht die Skyline der Essener Innenstadt aufs Beeindruckendste beschrieben wird.

Dabei prägen Hochhäuser statt rauchender Schlote schon seit 1961 die Silhouette der Stadt. Dem Rheinstahl-Haus (heute Thyssen Industries) folgten die Wolkenkratzer von RWE („Wattikan") und Post, am Porscheplatz segnete die Politik die Pläne für das „höchste Rathaus der Republik" ab, und mit Gildehof und Hypothekenbank, den Türmen an der Hollestraße, der RAG-Zentrale und erst recht dem RWE-Zylinder von Architekt Christoph Ingenhoven wuchs Zug um Zug eine Postkarten-Ansicht, die ahnen lässt, dass Essen eines der Entscheidungszentren der deutschen Wirtschaft ist. 1951 hievte man mannshohe Lettern samt zweier Stadtwappen auf das Dach des Handelshofes, des ersten Hotels am Platze: „Essen – die Einkaufsstadt". Dem Strom der Käufer, „der Tag um Tag von weit her fließt", wie ein Stadtprospekt schon 1952 notierte, schaffte Essen reichlich Platz zum Bummeln: Mit der Kettwiger Straße entstand eine der ersten Fußgängerzonen der Republik, der weitere folgten.

Manchem Marketingexperten war und ist der Ruf Essens als Einkaufsstadt ohnehin nicht genug: Wo bleiben da die Konzerne, wo bleibt die Messestadt, die

This fondness for tall buildings seems more pronounced among both city fathers and economic development experts in Essen than elsewhere. That might be because the city began its economic rise up to 1,200 metres below ground and is now keen on a kind of counter-movement to give visual expression to structural transformation. In any case, no marketing brochure leaves the printers without a stirring description of Essen's city-centre skyline.

Yet high-rise buildings rather than smoking chimney stacks have shaped the city skyline since 1961. The Rheinstahl building (now Thyssen Industries) was followed by the RWE and Post Office skyscrapers. (The former was nicknamed the "Wattikan," a play on "Watt" and "Vatican"). Politicians gave the go-ahead to plans for the "tallest city hall in Germany" on Porscheplatz. With the Gildehof and the Hypothekenbank, the towers on Hollestrasse, the RAG headquarters and even more so when they were joined by architect Christoph Ingenhoven's RWE cylinder, gradually a picture postcard view evolved which conveys the message that Essen is a decision-making centre for German commerce and industry. In 1951, the slogan in man-high lettering, along with two city coats-of-arms, was installed on the roof of the Handelshof, the city's top hotel. Essen made sure that the stream

A Essen, les principaux responsables de la ville et les promoteurs de l'économie semblent apprécier plus qu'ailleurs les projets d'architecture s'élevant vers le ciel. Cela est peut-être lié au fait que cette ville a autrefois entamé son essor économique à près de 1 200 mètres sous la terre et qu'elle veut maintenant, dans une sorte de mouvement contraire, rendre plus manifeste la mutation structurelle. Aucun prospectus de marketing ne quitte en tout cas l'imprimerie sans que la ligne d'horizon du centre-ville d'Essen n'y soit dépeinte de manière on ne peut plus saisissante.

Ce sont pourtant des buildings et non plus des cheminées fumantes qui depuis 1961 marquent la silhouette de la ville. Les gratte-ciel de la RWE («Wattikan») et de la poste ont fait suite à la Rheinstahl-Haus (aujourd'hui Thyssen Industries), les responsables politiques ont donné leur accord pour la construction, sur la Porscheplatz, du «plus haut hôtel de ville de la république», et c'est avec la Gildehof et la Hypothekenbank, les tours de la Hollestraße, la centrale de la RAG et bien sûr le cylindre de la RWE conçu par l'architecte Christoph Ingenhoven qu'est né, coup sur coup, un panorama de carte postale qui permet de deviner qu'Essen est bien l'un des centres décisionnels de l'économie allemande. Des lettres à taille humaine ainsi que deux blasons furent installés en 1951 sur le toit du Handelshof, le premier hôtel de la ville: «Essen, la ville commerçante». Essen créa pour ce flot d'acheteurs «qui jour après jour arrivent de loin», comme le mentionnait en 1952 un dépliant sur la ville, suffisamment de place pour se promener et faire du lèche-vitrine: la Kettwiger Straße devint l'une des premières zones piétonnières de la république, d'autres suivirent.

Markenzeichen für Essens Messe ist der von dem Mailänder Stararchitekten Mario Bellini geschaffene neue Westflügel des Ausstellungsgeländes, der das Areal auf 110 000 Quadratmeter erweiterte. Bis zu 1,9 Millionen Besucher kommen im Jahr zu den publikumsträchtigen Messen wie hier zur TechnoClassica (rechts).

The trade mark of the Essen Messe, or trade fair, is the new west wing of the exhibition complex. Designed by Milan-based star architect Mario Bellini, it increased exhibition space to 110,000 square metres. Up to 1.9 million visitors each year attend a range of crowd-pulling exhibitions and trade fairs such as the TechnoClassica (right).

L'aile ouest du parc des expositions, nouvellement créée par l'architecte-star milanais Mario Bellini, est l'image de marque du Parc des Expositions Essen qui a ainsi une superficie totale de 110 000 mètres carrés. Des salons très fréquentés accueillent chaque année jusqu'à 1,9 million de visiteurs comm ici à la TechnoClassica (à droite).

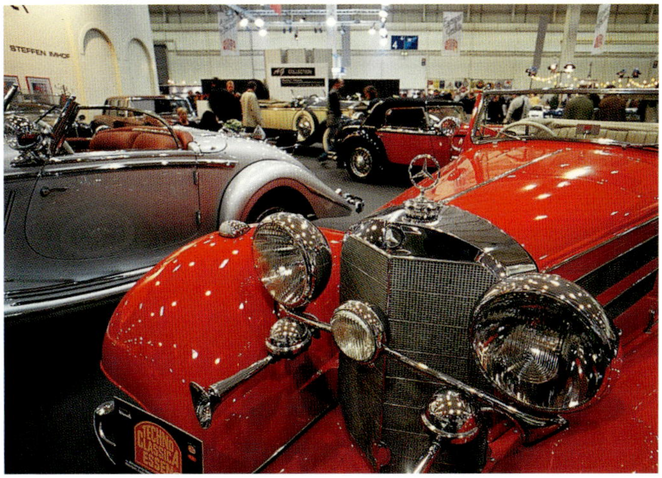

Stadt der Medizin, der Medien, der Energie?
Weit war der Weg vom Kohlenkeller der Nation zum sauberen Büro mit Zimmerpflanze auf dem Fensterbrett. Heute pflegen die Wirtschaftsförderer mit Blick auf das Umfeld des Hauptbahnhofs und verschiedene Entwicklungsachsen den Slogan von Essen als „Schreibtisch des Reviers" – und den darf man sich weder als altes schweres Erbstück aus Mahagoni vorstellen noch als primitiven Bausatz zum eigenhändigen Zusammenbau. Dazwischen aber ist viel Platz für Chrom und Glas, für Fichte gebürstet und Stahlrohr plus Granit, für Dutzendware aus dem Möbelhaus genauso wie für beachtliche Einzelstücke vom Designer.
Der RWE-Turm gehört unzweifelhaft in die Kategorie der Vorzeigeobjekte, die eine Stadt gerne auf ihrer Postkartenansicht verewigt. Ein transparenter und technisch ausgeklügelter High-Tech-Zylinder, dessen Bauqualität auch die Kosten auf die Spitze trieb. 629 Stufen muss erklimmen, wer sich im 27. Stockwerk im Sitzungssaal „Essen" in einen der 36 ledernen Charles-Eames-Sessel plumpsen lassen möchte.

of shoppers that "flows from afar day after day," as a city brochure noted back in 1952, had plenty of room in which to shop. Kettwiger Strasse was turned into one of Germany's first pedestrian precincts, and others followed.
In any case, Essen's reputation as a shopping city was never enough to satisfy some marketing experts. Where does it leave the corporations, the city of trade fairs, medicine, media, energy?
It was a long way from the nation's coal cellar to the clean office complete with pot plant on the window sill. Now, with their eyes on the area around the main railway station and various development axes, business developers have adopted another slogan for Essen – "Desk of the Ruhr." However, one should not imagine this desk as a heavy, antique mahogany heirloom nor as a primitive self-assembly kit. There is plenty of room between the two for chrome and glass, for brushed spruce, steel tubing and granite, for mass-produced items from the furniture store and for distinctive one-off designer creations.
Without a doubt, the RWE tower belongs to the category of showpiece buildings that cities like to immortalise on their postcard views. It is a transparent, technically sophisticated high-tech cylinder whose architectural quality drove costs sky-high, too. Anyone wanting to sink into one of the 36 Charles Eames leather armchairs in the 27th-floor "Essen" conference room has to climb 629 steps.

Pour plus d'un expert en marketing, la réputation d'Essen comme ville commerçante ne suffisait et ne suffit pas de toute façon: qu'en est-il des groupes industriels, de la ville des expositions, de la ville de la médecine, des médias, de l'énergie?
Qu'il est long le chemin qui mène de la cave à charbon de la nation au bureau propre avec plante verte sur rebord de fenêtre. Les promoteurs de l'économie soignent aujourd'hui, eu égard à l'environnement de la gare centrale et aux différents axes du développement, le slogan d'Essen comme «bureau du bassin de la Ruhr» – et ce n'est là ni un meuble antique en acajou ni un meuble en kit à monter soi-même. Il y a entre ces extrêmes beaucoup de place pour le chrome et le verre, pour le sapin lustré à la brosse, les tubes d'acier et le granit, pour des articles de série d'un grand magasin du meuble comme pour des pièces uniques remarquables, œuvres de designers.
La tour de la RWE entre sans aucun doute dans la catégorie des objets que l'on montre, qu'une ville immortalise volontiers sur ses cartes postales. Un cylindre transparent high-tech, d'une technique ingénieuse, construit dans une qualité qui fit monter aussi les prix en flèche. Celui qui souhaite se laisser tomber dans l'un des 36 fauteuils de cuir Charles Eames de la salle de conférence «Essen» au 27ème étage, doit pour cela monter 629 marches.

Als „Gedächtnis der Region“ entstand das Ruhr Museum in der einstigen Kohlenwäsche von Zeche Zollverein. Mercators Erd- und Himmelsgloben (Nachbildungen) im Raum „Neue Welt und Humanismus“ (oben) sowie die Themeninsel zum „industriellen Arbeitstakt“ (rechts) erzählen die Geschichte einer Kulturlandschaft, die mehr zu bieten hat als eine industrielle Vergangenheit.

The Ruhr Museum was established as the region's "memory" in the former coal washing plant of the Zollverein colliery. Reproductions of Mercator's terrestrial and celestial globes (above) in the "New World and Humanism" area as well as the display exhibit island of the "industrial production cycle" (right) tell the tale of a cultural landscape that has more to offer than an industrial past.

Le Ruhr Museum qu'abrite l'ancienne laverie de charbon de la mine Zollverein a été créé en tant que «mémoire de la région». Des reproductions du globe terrestre et du globe celeste de Gérard Mercator dans la salle «le Nouveau Monde et l'humanisme» (en haut) ainsi que la salle de «la cadence de travail industriel» (à droite) racontent l'histoire d'une terre de culture et de civilisation qui a bien plus à proposer qu'un passé industriel.

Anfassen erlaubt und keine Angst: Was so aussieht wie glühender Stahl, ist das Geländer im Treppenhaus des neuen Ruhr Museums. Es beschreibt Gegenwart, Gedächtnis und Geschichte einer Region, die einen beispiellosen Wandel durchgemacht hat.

You are allowed to touch it and need have no fear. What looks like red-hot steel is the staircase of the new Ruhr Museum that describes the present, memory and history of a region that has undergone an unprecedented change.

On peut y toucher sans crainte: ce qui ressemble à de l'acier incandescent est la rampe de la cage d'escalier du nouveau Ruhr Museum. Il évoque le présent, la mémoire et l'histoire d'une région qui a opéré une mutation sans précédent.

Aus dem Bergematerial der Zeche Zollverein entstand die Schurenbachhalde an der Stadtgrenze zu Gelsenkirchen, die an klaren Tagen ein faszinierendes Ruhrgebietspanorama bietet. Der erhabene Eindruck dieser Landmarke speist sich nicht zuletzt aus der 15 Meter hohen Plastik von Richard Serra, einer 70 Tonnen schweren Bramme aus Walzstahl, die an der Haldenspitze Zeichen setzt.

This slag-heap, the Schurenbachhalde, on the border with Gelsenkirchen is made from debris from the Zollverein pit. It affords a fascinating panoramic view of the Ruhr region. The elevated impression this landmark creates is assisted not least by the 15-metre-high sculpture by Richard Serra, a 70-ton slab of rolled steel that stands out on the hilltop.

La «Schurenbachhalde», terril à la limite de la ville de Gelsenkirchen est faite des déblais de la mine Zollverein. Par beau temps, elle permet d'avoir une vue panoramique fascinante sur la Ruhr. L'impression de majesté se dégageant de ce point de repère vient également de la sculpture haute de 15 mètres, brame d'acier laminé se dressant au sommet du terril. Elle est une œuvre de Richard Serra.

ÖKO-PARK SEGEROTH
GRÜNANLAGE HANGETAL
NORDVIERTEL
OSTVIERTEL
STADTKERN
SÜDOSTVIERTEL
SÜDVIERTEL
RÜTTENSCHEID
OSTFRIEDHOF
STADT-GARTEN
Universität Gesamthochschule
UNIVERSITÄT
VIEHOFER PL.
RHEINISCHER PL.
BERLINER PL.
PORSCHEPL.
HIRSCHL.-PL.
HAUPTBAHNHOF
Hauptbahnhof
HBF
BISMARCKPL.
SAVIGNYSTR.
PLANCKSTR.
GEMARKENPL.
SAALBAU
E-SÜD
RÜTTENSCHEIDER STERN
HOLSTERHAUSER PLATZ
AS Essen-Zentrum
AS Essen-Huttrop
Münster
Rathaus
Kennedy-pl.
Burgpl.
Grillo-Theater
Deutschlandhaus
Alte Synagoge
Hauptbad
Stadtbibliothek
Gesamtschule
Güterbf. Essen Nord
Güterabfertigung Essen Hbf.
Musical-Theater Colosseum
Europa-Center
Cinemaxx
Opernhaus Aalto-Theater
Saalbau
Sheraton-Hotel
Folkwang Musikschule
Museums-zentrum
Ruhrland- und Folkwang-museum
Elisabeth-Krankenhaus
Kliniken Essen-Mitte
Haupt-Feuerwache
EVAG-Betriebs-hof
Evangelisch-Freikirchliche Gemeinde
Arbeits- und Landessozialgericht Land- und Amtsgericht
Justizvollzugsanstalt
Jugendzentrum
Ostpark
Gladbecker Str.
Grillostr.
Bottroper Str.
Hans-Böckler-Str.
Altendorfer Str.
Frohnhauser Str.
Friedrich-Ebert-Str.
Schützenbahn
Gerlingstr.
Burggrafenstr.
Steeler Str.
Kruppstr.
Friedrichstr.
Bismarckstr.
Hohenzollernstr.
Rüttenscheider Str.
Moltkestr.
Ruhrallee
Kronprinzenstr.
Rellinghauser Str.
Zweigertstr.
Holsterhauser Str.
Alfredistr.
Huyssenallee
Wittekindstr.
Hindenburgstr.
Kettwiger Str.
Limbecker Pl.
Stoppenberger Str.
Katzenbruch-str.
Herzogstr.